大都會文化
METROPOLITAN CULTURE

大都會文化
METROPOLITAN CULTURE

Tolerance is Everything for Success

氣度決定寬度 2

忍，輸贏一念間！

前言

氣度是寬度，也是「忍」的一種表現，而「忍」又是弱者站穩腳跟、蓄積力量最好的保護傘。對絕大多數人而言，其實質的意思就是一個弱者開始面對社會，面對強者。弱者缺乏經驗、缺少資金、缺少關係，要以這樣的狀態「笑傲江湖」，非要有「夾著尾巴做人」的胸懷：對不如意的境遇，要忍；對不滿意的工作，要忍；對他人的冷眼挖苦，還要忍。

氣度能使人免受外界干擾，不夾在矛盾的風浪上，不陷入無聊的人事中，而有充分的時間了解社會、感受職場，並有飽滿的精力思考人生，規劃事業。

氣度代表一個人的忍讓程度，能忍之人便可發現大機會。視野有多大，事業就有多大；思想有多深，基業就有多深。能忍者，如潛龍在淵，靜心平氣，洞察人生，窺探機遇，不發則已，一發必勝。

成功的人是有氣度，懂得放棄的人。有氣度者，不爭雞毛之利，不搶瑣屑之功，胸有百萬雄兵，方有戰略之舉。小機會往往顯露在外，人人皆知；大機遇常常品質內藏，得之不易。一個天天盯著小機會的人，很難做到「靜水至深」，發現大機遇；大機遇是留給能忍者的禮物，心態浮躁、凡利必爭者止於此。

氣度，使弱者積小成大，也可使強者無往不勝。它是長遠的，是個戰略。有氣度者，小的、弱的要忍，大的、強的更要忍。有氣度者，雖強，卻行事低調；雖大，但為人平易。思想上俯視，做事上平視，平和待人，認真做事，則大者愈大，強者更強。

氣度是忍的最高境界，把它內化於血液中，成為生命的一部分，一切是那麼的自然而然、真實近人。當然，這樣的人，我們也樂見，並相信他的成功路會越走越寬，事業也會越做越大。

Tolerance is Everything for Success

目錄

第3章 寬容之心面對人生

第4章 有氣度，便能走向最成功的人生彼岸

目錄

第1章 忍耐是通向成功的階梯

氣度是忍的表現，是韌性的戰鬥，是永不敗北的戰鬥策略，更是戰勝人生危難和險惡的有利武器，也是醫治磨難的良方。

人生是在忍耐中走向成功的

希臘神話中宙斯的情人嘉麗絲多，是一位善於忍耐的精明女神。皇后赫拉經常欺侮她，有時讓她在廢棄的瓦礫中長跪。有時讓她到冰冷的河水裡撈取金釵。為了求得保全，不招致殺身之禍，嘉麗絲多默默忍受著這些無端的羞辱。

有一次，赫拉發現宙斯在瞧見嘉麗絲多時，眼睛因情感的抽動而為之一亮，不禁醋意大發，執意要殺死嘉麗絲多。在這種危難時刻，嘉麗絲多知道自己不是赫拉的對手，因而不做致死的爭奪，她跪在地上，忍受著赫拉強加在自己的不白之冤，伸手哀求，苦苦申訴，雖然被變成了一隻大熊，但最終卻保住了性命，成為天空中明亮的星座。

在古代，「忍」字更成了眾多有志之士的人生哲學。忍一時之氣，免百日之憂；一切諸煩惱，皆從不忍而生。越王勾踐也罷、韓信也罷，都曾經受過別人的胯下之辱，最終渡過了難關，成就了大業。清・金蘭生《格言聯壁・存養》中說：「必能忍人不能忍之觸忤，能為人不能為之事政。」意思就是說，能忍受一般人所不能忍受之事，這個人將來必能有所作為。

現實生活本身並不全然是理性的，其中也充斥著很多無奈的邏輯。譬如，某些人的性格帶有攻擊性，這就意味著另一些人往往無端遭到挑釁。如果我們對所有的攻擊，都施之以反擊的話，那我們生活的環境將充滿火藥味，對健康何益？對人際何益？對人生何益？

忍讓者，忍耐也，謙讓也。一般說來，社交過程中產生什麼矛盾的話，雙方可能都有責任，但作為當事人應該主動的禮讓三分，從自己方面找原因。忍讓，實際上也就是讓時間、讓事實來表白自己。在社交中採取忍讓的態度，可以讓很多事情冷處理，可以擺脫相互之間無原則的糾纏和不必要的爭吵。

歌德有一天到公園散步，迎面走來了一個曾經對他作品提出過尖銳批評的批評家。這位批評家站在歌德面前高聲喊道：「我從來不給傻子讓路！」歌德卻答道：「而我正相反」一邊說，一邊滿面笑容地讓在一旁。歌德的忍讓避免了一場無謂的爭吵。有了歌德這樣的忍讓就可以避免各種矛盾衝突，也可以消除自己的惱怒。從某種意義上說，它既可以為自己擺脫尷尬難堪的局面順勢下台，又能顯示出自己的心胸和氣量。

俗話說，「不如意事十之八九」。期望愛情甜蜜者，難免有失戀的苦惱；一向和諧的家庭，也少不了芝麻小事般的爭吵；被認為可信賴的朋友，偶爾的誤會竟產生隔閡；為事業而奮鬥拚搏，也許遭到平庸者的嫉妒……生活中的這些個不如意，常常檢驗著一個人的修養水準：有的泰然處之，從容對待，以真誠化干戈為玉帛；有的則怒形於色，耿耿於懷，因偏狹積小怨為仇端。學會忍讓，這看似極簡單的事兒，卻有化解你生活中各樣煩惱的神力，而使人生路上充滿信心、愉快和陽光。

忍讓是一種美德。親人的錯怪，朋友的誤解，訛傳導致的輕信，流言製造的是非……當此時，生氣無助雲消霧散，惱怒不會春風化雨，而一時的忍讓則能幫助恢復你應有的形象，得到公允的評價和讚美。

清代中期，有個「六尺巷」的故事，據說當朝宰相張英與一位姓葉的侍郎都是安徽桐城人，兩家比鄰而居，兩家都要起房造屋，為爭地皮，發生了爭執。張老夫人便修書北京，要張英出面干涉。這位宰相果真見識不凡，看罷來信，立即做詩勸導老夫人：「千里家書只為牆，再讓三尺又何妨？萬里長城今猶在，不見當年秦始皇。」張母見張書明理，立即把院牆主動退後三尺；葉家見此情景，深感慚愧，也馬上把牆讓後三尺。這樣，張葉兩家的院牆之間，就形成了六尺寬的巷道。古代開明之士尚能如此，今天同事之間處理小是小非，是應該比封建時代更高一籌的。

忍讓不是懦弱可欺。相反，它更需要的是自信和堅韌的品格。富者能忍保家，貧者能忍免辱，父子能忍慈孝，兄弟能忍意篤，朋友能忍情長，夫婦能忍和睦。古人講「忍」字，至少有如下兩層意思：其一是堅韌和頑強。晉朝朱伺說：「兩敵相對，惟當忍之；彼不能忍，我能忍，是以勝耳。」這裡的忍，正是頑強精神的體現。其二是抑制。《荀子‧儒效》：「志忍私，然後能公；行忍惰性，然後能修。」被譽為「亙古男兒」的宋代愛國詩人陸游，胸懷「上馬擊狂胡，下馬草戰書」的報國壯志，也寫下過「忍字常須作座銘」。這種忍耐，不正凝聚著他們頑強、堅韌的可貴品格嗎？有誰說他們是懦弱可欺呢？

其次，「小不忍則亂大謀」，問題的關鍵是看「謀」的是什麼。忍小憤而就大謀，是英雄本色，於是成語「負荊請罪」的故事傳為千古美談：藺相如的忍讓，正是為了國家安定之大謀，忍讓成大事。

第三，忍讓是一種眼光和度量，能克己忍讓的人，是深刻而有力量的，是雄才大略的表現。「要是自私的人想占你的便宜，就不要去理會他們，更不要想去報復。當你想跟他扯平的時候，你傷害自己的，比傷到那傢伙的更多。」這句名言很耐人尋味。

一個「忍」字，自古至今一直散發著神奇的光芒。古今中外幾乎所有的成功者，都大大地沾了「忍」字的光。

馬爾辛利剛任美國總統時，他指派某人做稅務部部長。當時有許多政客反對此人，他們派遣代表前往總統府進謁馬爾辛利，要求他說明委任此人的理由。為首的是一位身材矮小的國會議員，他脾氣暴躁，說話粗聲粗氣，開口就把總統大罵了一番。馬爾辛利卻不吭一聲，任憑他聲嘶力竭罵著，最後才極和氣地說：「你講完了，怒氣該可以平息了吧？照理你是沒有權利這樣來責問我的，不過我還是願意詳細地給你解釋……」這幾句話說得那位議員羞慚萬分。但總統不等他表示歉意，就和顏悅色地對他說：「其實也不能怪你，因為我想任何不明真相的人，都會大怒。」接著，他便把理由一一解釋清楚。其實不等馬爾辛利解釋，那位議員已被他折服。他心裡懊悔，不該用這樣惡劣的態度來責備一位和善的總統。因此，當他回去向同伴們彙報時，只是說：「我記不清總統的全部解釋，但有一點可以報告，那就是——總統的選擇並沒有錯。」

沒想到，向來為人們所輕視的「忍氣吞聲」有其極大妙處，不發怒不但使馬爾辛利的解釋獲得效果，而且使那位議員從此悔悟，以後永遠不再做出令人難堪的舉動。別人故意用種種奸計，使你大發脾氣，你一氣之下，就會做出不理智的事情，這樣無疑是自討苦吃。欲制伏一個大發脾氣的人，再沒有比忍讓更好的了。

忍，是一種修養，是一種思想，是一種以守為攻的策略。君子忍耐的效果往往超過力量與宣洩。古語講，「忍氣饒人禍自清」。君子之所取者遠，則必有所待，所就者大，則必有所忍。

忍耐是創造希望的藝術，也不愧為人們處世和處事的高招，不愧為人們成就工作的槓桿和事業的捷徑。人生中有很多幸福的經歷，也有很多糟糕的經歷，只有學會忍耐，才能遊刃有餘。

幾多痛苦，幾多折磨，幾多困難，幾多險境……幾乎每個人在生命的旅途上，都要受到命運之神的捉弄。當你不甘心做命運的奴僕而又未能扼住命運的咽喉之時，必須學會忍耐——讓所有的痛苦都在忍耐中得到淡化，所有的眼淚都在忍耐中化作輕煙。

忍耐並不是逆來順受，屈服於命運之神的誘惑與調遣。生活的滄桑使生命的深淵埋下難言的隱痛，忍耐卻可以使人相信，隱痛必然消失，暴風雨過後的天空更加明麗。

忍耐也不是消極頹廢，在沉默中悄然降下信念的風帆。顛沛的人生使人感到迷離恍惚，忍耐卻把難熬的寂寞、憂憤、艱辛強壓在心底，不使它偷偷鑽出來、浸出去，甚至傾斜心靈的天平。忍耐是意志的磨練，爆發力的積蓄；是用無聲的奮鬥衝破羅網，用無形的烈焰融化堅冰。在忍耐中發憤，在忍耐中拚搏，倔強的心靈在忍耐中受苦，人生才能煥發出奇光異彩。生命的負累往往也正是生命的光榮——世間那高聳的豐碑，輝煌的業績都誕生於忍耐之中。

學會忍耐，學會在忍耐中鍥而不捨地追求，在忍耐中更深刻地感受人生。「天才，無非是長久的忍耐！努力吧！」──莫泊桑實踐了福樓拜的這句贈言，最終才成為世界文壇的一顆明星。

那麼如何才能達到「忍」的最佳境界？首先，經常明確地意識到目標的存在，使自己為了達到這個目標，而不斷提高運用頭腦思考的能力。

其次，嘗試著去瞭解自己做每一件事情的意義所在。一旦能夠理解了以後，對工作抱持的態度，就會從「應該做」進入「必須做」這種積極性的意識形態。如此一來，必能減少工作時的緊張感和壓迫感，而愉快地完成工作。否則，一味地強迫自己去做不喜歡的事情，非但會增加不少的麻煩和痛苦，而且，精神上很容易疲勞而變得毫無效率可言。

第三，培養安於困境的習慣。一個人在面對困難的情境時，常常會表現出逃避的傾向。但是為了能夠作自我控制，就必須忍耐這種困境所帶來的痛苦。那麼時間一久，自然會在不知不覺間，培養出一種安於困境的耐力，而能夠全神貫注在自己的工作上。

第四，學會抑制衝動的情緒。這件事乍看之下，似乎很難。但是，只要我們稍微冷靜地加以分析，很容易便可以發現，要抑制衝動的情緒，事實上是很簡單的。不過，對於比較強烈的衝動或欲望，還是應該選擇一個適當的時機，使它們有機會儘量地發洩出去，比較妥當。

經常不斷地作自我訓練的話，很快地，我們將會在潛意識之中，很自然地進入忍的最佳境界之中，我們的人生也將大放異彩。

越有危機越要忍耐

「懼怕危機，缺乏忍耐」是大多數人的性格特點。而事實上，每一個人在一生中很難避免遭遇危機。不過，危機也許正是最大的轉機。所以，從今以後一旦陷入危機之中，應該認識到危機也許就是機會，進而忍耐讓自己走出困境才是人生正道。

西班牙歌王胡立歐是譽滿全球的廣受歡迎的歌唱家，可是他最大的願望曾經是當一名足球運動員。但是，一場不幸的交通事故，使他不得不放棄自己鍾情的足球事業，而轉向歌壇方向發展。

女演員奧黛麗・赫本曾立志做一名芭蕾舞演員，但老師認為她不具備這方面的才能，於是她果斷地放棄。日後，成為一名深受世界各國人們喜愛的電影演員。

日本獲得文化勳章的作家井伏鱒二，從少年時代起便愛好繪畫，畢業實習後就迫不及待地叩響了某畫家之門，卻被斷然拒之門外。後來，他考入早稻田大學，如今是一名成功的作家。

再如，日本女作家家田莊子曾經想當一名演員。她參加過許多演出，但毫無出色之處。有一天她向出版社兜售凹版相片，這時有人勸她寫書。沒想到這竟然成了她成為作家的契機。

這些取得成功的人們，原本的志向並不是企業家、美術評論家、歌唱家、演員或者作家。但是，各自都因為不同情況而不得不放棄最初的夢想。可貴的是，他們在放棄的時候能重新向前望去，打開了另一扇門，並全力拚搏。從而成為各個領域的佼佼者。如果你因某種原因夢想破滅，不必悲觀失望。因為「放棄夢想」或者「遭受挫折」反而大獲成功的事例，在我們生活的世界裡不計其數。

哈蘭德・桑德斯（Harland David Sanders）是肯德基炸雞的創始人。

六歲時隨著父親的去世，哈蘭德曲折的一生開始了。為了照顧年幼的弟弟，補貼家庭支出，他開始當起農民，進入田裡工作。哈蘭德性子富有忍性，是個不實現自己的願望絕不甘休的人。這種堅忍的性格，成為他與別人不同的原因，他為此不得不多次變換已經很成功的工作。他討厭被別人使來喚去，開始自己去經營一家汽車加油站，但不久受經濟危機的影響，加油站倒閉。第二年，他又重新開一家帶有餐館的汽車加油站，因為服務周到且飯菜可口，生意十分興隆。但是，誰曾想到一場無情的大火把他的餐館燒了。他曾經一度幾乎放棄再次經營餐館的設想，最終還是振奮起精神，建立了一個比以前規模更大的餐館。餐館生意再次興隆起來。可是，厄運又找上門來。因為附近另外一條新的交通要道建成通車，哈蘭德加油站前的那條道路因而變成背街背巷的道路，顧客也因此劇減。

六十五歲時哈蘭德放棄了餐館。萬事休矣？然而，哈蘭德並未死心。他不再注視和緬懷那些已經失去的東西，而是珍惜仍舊存在的東西。他想到手邊還保留著極為珍貴的一份專利——製作炸雞的秘方。現在，他決定賣掉它。為了賣掉這份秘方，他開始走訪美國國內的快餐店。他教授給各家餐館製作炸雞的秘訣——調味漿。每售出一份炸雞他將獲得五美分的回扣。五年之後，出售這種炸雞的餐館遍及美國及加拿大，共計四百家。

當時，哈蘭德已經七十多歲。一九九二年肯德基炸雞的連鎖站在全美達五千家，海外達四千家，共計擴展到九千家。

我們從哈蘭德先生的生存方式中能夠學到許許多多的東西。因為商店前的繁華街道突然變為背對街道，迫使他不得不賣掉自己苦心經營的餐館。如果不曾有這樣的事情發生，哈蘭德能夠達到今天如此輝煌的程度嗎？那麼，我們怎樣來認識發生在哈蘭德先生身上的事情呢？

這就是我們一直在討論的「危機正是轉機」。因而，只要時時刻刻不忘記逆境思維，那麼，即使陷入深淵，你也不會驚慌失措。

讓我們敬佩的，還有哈蘭德先生毫不在意自己年事已高，以六十五歲高齡挑戰新的商業領域。那些年紀輕輕而逃避挑戰的人是一個精神上的老年人；相反，即使年紀很大，只要敢於向著夢想、向著理想不斷挑戰並相信能成功，那麼他仍舊是一個精神上的年輕人。

人在遭遇危機時，為擺脫危機會絞盡腦汁，一般情況下，人們只使用著全部能力的三%，而絞盡腦汁地思謀對策，會調動出平時未使用的七%的潛能。因此，越是在大危機的情況下，越會產生出其不意、克敵制勝的高招。

如果我們能改變自己的思考方式，就會發現將自己逼進死胡同的危機或挫折時期，正是發揮一個人潛能的絕佳時期。擁有堅忍性格的人會把危機變為機遇，並且獲得比以前任何時候都巨大的成功。

堅持，堅持，再堅持

有位胖太太，每天都聽見她說要減肥。但是，她吃的分量比別人多，睡眠時間又比別人長；建議她做些家事，她說太辛苦；提醒她應該去運動，她嫌勞累；邀她一起到公園慢跑，她怕曬太陽，還怕流汗。

有一天，她站在磅秤上，低頭看見磅秤上指標停在七十公斤，大吃一驚。那天她下狠心，一整天只吃一點點東西，油鹽甜膩皆不敢入口。然後，馬上到體育用品店去，購買了全套的運動衣褲還有鞋襪，接著立刻像拚命般地又跑又跳。從第二天開始，她實行少吃多運動的生活習慣。

大家都以為這一次她肯定是減肥成功了。因為第三天，她仍然有決心地進行著她的計畫。

一個星期過去，她充滿著信心，站上那個令她一看便心跳一百的磅秤，當她發現指標仍然固執地指著七十公斤時，她像充滿了氫氣的氣球被刺穿一個小針孔般，很快的塌下來了。

她認為自己是上當了。她覺得自己不是沒嘗試過，也不是沒有努力過，但是卻沒有看到成績。她生氣了！失望透頂的她於是就放棄減肥了。她認定自己再也沒有指望恢復未婚前的苗條了。自第八天開始，絕望的她恢復以前的生活方式，大吃大喝、中午午睡，晚上早睡，運動衣褲則束之高閣。

類似這種一曝十寒的做法，不要說減肥，無論是進行任何事，都不會有成功的一天。不是說方法不對，而是行事的態度出了差錯。

一棵樹，其根紮得實實在在、穩穩當當的，風吹也好，雨打亦然，它都永久不會被摧毀。一個人把時間花在什麼地方，就會在那裡看到成績。這是非常簡單卻又實在的道理。但是，兩天打魚，三天曬網是不行的。唯有有持之以恆，唯有堅忍才會讓人看見不同尋常的成就。

生活中有許多人做事最初都能保持旺盛的鬥志，在這個階段普通人與傑出的人是沒有多少差別的。然而往往到最後那一刻，頑強者與懈怠者便各自顯示出來了，前者咬牙堅持到勝利，後者則喪失信心放棄了努力，於是便得到了不同的結局。

要說成功有什麼秘訣的話，那就是堅持，堅持，再堅持！許多失敗者的悲劇，就在於被前進道路上的迷霧遮住了眼睛，他們不懂得忍耐一下，不懂得再跨前兩步就會豁然開朗，結果在勝利到來之前的那一刻，自己打敗了自己，因而也就喪失了他們應有的榮譽。

一個人想做成任何大事，都要能夠堅持，堅持下去才能取得成功。說起來，一個人做一點事並不難，難得是能夠持之以恆地做下去，直到最後成功。

許多人做什麼事，起初都能夠付諸行動，但是，隨著時間的推移、難度的增加以及力氣的耗費，大多數人便從思想上開始產生鬆勁和畏難情緒，接著便停滯不前以致退避三舍，最後放棄了努力。

人之所以在做什麼事時常常會淺嘗輒止、半途而廢，主要原因是人天生就有一種難以擺脫的惰性。當他在前進的道路上遇到障礙和挫折時，便會灰心喪氣和畏縮不前。

這也就像走路一樣，人總是願意走下坡路而厭惡走上坡路。走下坡路省力，於是人總是不由自主地選擇下坡路。這就是人之所以常常見了困難繞著走的深層原因。朝最省力的方向想，或者喜歡走下坡路，對於走路來說並不要緊，然而對於做一件重大的事業來說，卻成為一種致命的缺陷，因為這樣一來，遠大的目標就不能達到了。

許多人之所以沒有收穫，主要原因就是在最需要下大力氣、花大工夫、毫不懈怠的堅持下去時，他卻停止了努力，省力倒是省力，成功卻從此與他無緣了。

平庸的人和傑出的人，其不同之處就是看能不能堅持。堅持下去就是勝利，半途而廢則前功盡棄。這樣的例子屢見不鮮。看看馬拉松賽跑，最初參加競賽的人可以說成百上千。但是跑出一段路程之後，參賽的人便漸漸少起來。原因是堅持不下去的人，逐漸自我淘汰了，而且每到後面人越少，全程都跑完能夠衝刺的人更少，獎牌實際上就是在這些堅持到最後的人當中產生。

馬拉松式賽跑，與其說是賽速度，不如說是拚耐力，也就是看誰堅持到最後。做任何事情都和賽跑一樣，成功與失敗往往只是一步或半步之差，因而起決定作用的只是最後那一瞬間。誰在最後爆發出巨大的潛力，誰就是勝利者，最後的努力是決定命運的關鍵。

一位成功學大師強調：「奮力前進，世界上沒有什麼可以取代堅持。才幹不行，有才幹的人不能獲得成功的事司空見慣；天賦不行，沒有得到回報的天賦幾乎只能成為笑柄；教育不行，世界上到處都是受過教育卻被社會拋棄的人。只有堅持和決斷才是全能的。」

忍受壓力就能抬起頭

著名心理學家貝弗奇說得好：「人們最出色的工作往往是在處於逆境的情況下做出的。思想上的壓力，甚至肉體上的痛苦都可能成為精神上的興奮劑。很多傑出的偉人都曾遭受過心理上的打擊及形形色色的困難。」

忍受壓力而不氣餒，並能忍下去，是最終成功的要素。挫折，在一定意義上來說，也是一種挑戰。有挑戰，就應該有應戰，就應該有應戰精神。那就是要忍，我們能夠忍下去，就會轉敗為勝。

挫折本身並沒有任何意義，只有面對逆境的人內心產生某種忍耐力時，挫折才會變成一種動力。通常情況下，人們所面臨的壓力包括輿論的壓力、精神的壓力、競爭的壓力及環境的壓力等。成功者不一定具有超常的智慧，命運之神也不會給予任何特殊的照顧。相反，幾乎所有的成功者都經歷過坎坷、命運多難，他們是從不幸的境遇中奮起前行的。在他們看來，壓力也就是動力。

有很好的抵抗壓力的能力，不怕挫折，是成功者的性格，也是創造成功必修的一課。當壓力來臨時，應該想到是「摘取成功之果」的機會降臨了。

十九世紀末，美國康乃爾大學做過一次有名的青蛙實驗。他們把一隻青蛙冷不防丟進煮沸的水鍋裡，這只青蛙在千鈞一髮的生死關頭突然用盡全力，一下子躍出了那必將使牠葬身的滾燙水鍋，安全逃生！

半小時後，他們使用同樣的鍋，但在鍋裡放滿冷水，然後把那只第一次死裡逃生的青蛙放到鍋裡，接著他們悄悄在鍋底下用炭火慢慢燒。青蛙悠然地在水中享受「溫暖」，等到它感覺到熱度已經熬受不住，必須奮力逃命時，卻為時已晚，牠欲躍卻乏力，全身癱軟，終於葬身在熱鍋裡。

這個實驗給我們提示了一個殘酷無情的事實，當生活的重擔壓得我們喘不過氣，挫折、困難堵住了四面八方的通道時，我們往往能發揮自己意想不到的潛能，殺出重圍，開闢出一條活路來。可是在耽於安逸、貪圖享樂或是志得意滿、維持功名的時候，反倒陰溝裡翻船，弄得一敗塗地，不可收拾。人生的一切不正是如此嗎？

歷史上沒有長盛不衰的國家和民族。其實，一盛一衰、周而復始是歷史規律。恰如帕雷托所言「歷史是貴族的墳墓」，不斷有腐敗的貴族衰落或被淘汰，不斷有新的精英從平民中產生，精英的位置從來不會空缺。不過，因為社會金字塔總是「下大上小，並不是一切底層的人都能進入這種精英循環」。帕雷托的思想符合我們的順境代價之主題，也是認識精英循環的一個視角。從歷史經驗看，越是在壓力的情況下，越能造就成功的人士。

為什麼處在順境和優越條件下的人往往要為此付出代價呢？他們缺少的是什麼？客觀地看，他們缺少的是適當的壓力。壓力太小而刺激太弱，因而也就削弱了當事者適應和進取的動力。很多心理學家認為，壓力是每個人生活中不可缺少的一部分。即使是專門研究壓力危害作用的心理學家漢斯・塞利也承認：「壓力是生活的刺激。壓力使我們振作，使我們生存。」

山本先生是一位汽車推銷員，他機智勤快，為人誠懇。這些都是銷售行業所必備的條件。由於他的努力工作，生意十分興隆。有時候，他以為自己永遠能夠這樣。

然而命運卻向他挑戰了。山本先生在開車拜訪客戶的路上，與一輛急馳而來的汽車相撞了，他失去了右腿，迫不得已只好退出了汽車銷售這一行。但是，山本先生並沒有向命運低頭，他仍在尋找抗衡困難的機會。有一天，他從雜誌上看到當時很多人喜歡將老舊的房屋翻修，於是靈機一動，想到了一個主意。他以前在職業學校求學時，傢俱製造和木工這兩科的成績都很優秀，他認為如果將自己的木工技能應用到修繕房屋上，一定可以賺到他生活所需的錢。

開展工作之前，他向職業學校取得了介紹信，又請以前的顧客為他寫了推薦書，證明自己為人可靠而且工作認真。由於昔日大家對山本先生都有很好的印象，所以大家都十分願意為他做這些事。山本還印製了新的商業名片，分送給木材經銷商和木匠，並在當地的舊城區宣傳，讓大家都知道他是專門替人修繕房宅的人。

現在，山本先生的公司已經有了一定的聲譽了，生意興隆。他說：「我以前是做汽車銷售的，命運改變了我的生活，但是我知道自己一定能戰勝命運。」

風箏因逆風而能高飛，在命運的挑戰下，高逆境的信念能支持你。在邁向成功的旅程中，忍受一切艱難險阻，敢於向一切逆境挑戰，你或許得與狂風搏鬥，卻不會有被吹垮的顧慮。

由於要不斷面對隨時隨地可能出現的逆境，我們對付不確定性和變動環境的能力就變得越來越重要。天災、人禍、意想不到的事故，所有這一切對人們都是嚴峻的挑戰。

美國摩特斯公司的總裁和經理們用逆境訓練來加快公司內部改革的過程，目的是幫助員工更有信心地迎接挑戰。如果能改變關鍵人群的逆境承受力，那麼就會更容易、更有效地實施變革，而挑戰就會成為員工事業中最受歡迎的一部分。

對許多人來講，挑戰是一個令人頭疼的事情。挑戰是一種長期的、影響深遠的威脅，並且超出了自己控制的範圍之外。我們應該正視挑戰，傾向於積極地對待逆境，並利用它來加強自己的決心。其實，逆境是一種機遇，面對挑戰他們可以更勇敢地迎接它、戰勝它，這類人就是典型的逆境高情商者。反之，不敢接受挑戰，常常為逆境所困擾的人，也就是一個失敗的人。

美國西周弗公司曾經面臨一項重大的重組計畫，一些員工將不可避免地被裁掉。整個公司人心惶惶，結果那些認為自己能控制局勢，ＥＱ高的員工被繼續留用，而那些感到孤立無助的低ＥＱ者則遭到淘汰，他們在正式裁員通知下達前，在心理和身體上表現出太多的憂鬱和痛苦，就自我放棄了。

挑戰挫折需要氣魄

人生在世享受生活樂趣，便是瞻望未來的成功，遺忘過去的困境。把錯誤和失敗當做學習的方法，然後就將它們逐出腦外。

從未成功的人總是因每當陷入困境就自責不已。逆境中可能發生的危險只有一個：不恰當地歸咎自己。只要一息尚存，就有希望。不論遭遇何種不幸，只要能繼續生存下去，就證明了自己不是挫敗者。而我們應該時時以自己為對手，戰勝自己，直視自己。

不過在現實生活中，確實有許多人走不出困境，這是因為缺乏堅忍的信念和信心；相反，能這樣做的人，就會是另外一種樣子。

二戰後受經濟危機的影響，日本失業人數陡增，工廠效益也很不景氣。一家瀕臨倒閉的食品公司為了起死回生，決定裁員三分之一。有三種人名列其中：一種是清潔工；一種是司機；一種是無任何技術的倉管人員。三種人加起來有三十多名。經理找他們談話，說明了裁員意圖。清潔工說：「我們可以成功，如果沒有我們的打掃，沒有清潔優美、健康有序的工作環境，你們怎麼會全身心投入工作？」司機說：「我們可以成功，這麼多的產品沒有司機怎能迅速銷往市場？」倉管人員說：「我們可以成功，戰爭剛剛過去，許多人在飢餓中掙扎，如果沒有我們，這些食品豈不要被流浪街頭的乞丐偷光？」

經理覺得他們說的話都很有道理，權衡再三決定不裁員，並重新制定了管理策略。最後，經理要人在廠門口懸掛了一塊大匾額，上面寫著：「我很重要」。每天當員工們來上班，第一眼看到的便是「我很重要」這四個字。不管是第一線員工，還是白領階層，都認為主管很重視他們，因此工作也很賣力。這句話調動了全體職工的積極性，幾年後公司迅速崛起，成為日本有名的公司之一。

你可曾沮喪消沉？遭遇嚴重困境？或為自己所犯的錯誤過分自責？你可曾勞而無獲？你這一生中可曾發生個人悲劇？你可曾因疾病或受傷而造成殘障？你是否會因為希望破滅而心情沉重？是否會冒險犯難，結果徹底陷入困境？

當然，這些情形，都不應妨礙我們達到最後目標。陷入困境正如冒險和勝利一般，是生命中必然具備的一部分。偉大的成功通常都是在無數次的痛苦失敗之後才得到的。大劇作家兼哲學家蕭伯納曾經寫道：「做成事情是經過許多次的大錯之後才得到的。」討厭自己的人，他們的做法往往恰好相反。他們回想過去的困境，忘卻往日所有的成就，以致摧毀自信心。他們不但記住失敗的情景，還情緒化地將它深植在心中。從未成功的人總是在每次陷入困境時就自責不已。另一方面，雖會遭遇挫敗但仍喜愛工作的人卻能瞭解過去犯了多少錯並不重要，重要的是能不能從每一次陷入困境中吸取教訓，以致在下一次能有較好的表現。

我們應將陷入困境中的其他不利因素當做修正方向，以便再度瞄準目標的工具，僅此而已。而從困境中走出來的方法是有講究的：

第一，誠懇而客觀地審視周遭情勢，不要歸咎別人，而應反省自己。

第二，分析陷入困境的過程和原因。重擬計畫，採取必要措施，以求改正。

第三，在重新嘗試之前，想像自己圓滿地處理工作或妥善地應付客戶的情景。

第三，把足以打擊自信心的困境記憶一一埋藏起來。它們現在已經變成你未來成功的肥料了。

第四，重新出發。你可能必須再三試行這些步驟，然後才能如願達到目標。重要的是每嘗試一次，我們就能夠增加一次收穫，並向目標更加進一步。坦然接受批評並不是易事。我們都怕出錯，自小師長便教導我們犯錯是不好的事，它會使我們失去親朋的疼愛，但是我們可以學會不受情緒左右。

受到批評，不必感到失望、不平或憤怒，而應把精力用來研製一項明確的計畫，以平息批評，重新起步。與有關的人共同研究我們的計畫，不要浪費時間和精力彼此抱怨，應該共同努力解決問題。

有時候我們又太勇於自責了。我們會說：「這都是我的錯。」、「我什麼事都做不好。」如果是我們的錯，自責倒也無妨，但明明不是我們的錯而強要自責，便有危險。喜歡自責的人內心常有「我是笨蛋，我是失敗者」的想法。這麼一來，下次你又會犯同樣的錯誤。或是你誤信自己的確是笨蛋，而根本不再嘗試了。奇怪的是，我們的確能安於失敗。不動腦筋的自憐要比絞盡腦汁分析自己、籌畫下次如何成功來得容易多了。

另一方面，如果你不願從錯誤中學習，你便會千方百計的掩飾錯誤。隱藏的錯誤會成為你工作上的毒瘤，甚至危害到你的人際關係和公司本身（尤其如果你是主管人員的話）。掩飾錯誤就像掩飾癌症的症狀一樣，將導致整個機構的瓦解。你如果有責任心，就應勇於認錯。你應該對自己這麼說：「我的能力不僅如此，下次我會表現得更好。」或者「我沒考慮到空虛因素，以後我就知道該注意這件事了」。這就是「從錯誤中學習」的含義。

逆境中可能發生的危險只有一個：不恰當地歸咎自己。

一個人若開始以失敗者自居，便會真的成為失敗者。「你認為自己是怎樣的人，就會真的成為怎樣的人。」這句格言在此處同樣適用。

對於運動員的競技而言，比賽完了就是結束了——有人贏，有人輸。比賽不能重來，可是在工作上，永遠有第二次機會。套用奧哈拉的話說：「明天又是嶄新的一天。」明天永遠有另一個成功的機會。只要一息尚存，就有希望。不論遭遇何種不幸，只要能繼續生存下去，就證明了自己不是失敗者。

不論發生什麼事，絕不要認為自己是失敗者，反而要阻止消極的思想侵蝕你的心靈。不要落入不滿的陷阱，變得憂慮、蠻橫或憤世嫉俗。處境不順時，千萬不要借酒精或實物來逃避現實，這些東西對心靈遲早會產生壓抑的效果。最重要的是，不要與其他失敗者同病相憐。不幸的人喜歡結伴同行，更為可悲的是，你那些什麼也做不好的同伴可不願見你脫離苦海，他們要你和他們一起沉淪下去。

自以為別人都與自己作對的人，以及尖酸刻薄的人，比患了絕症還要不幸。事實上，有些醫學專家說，這種精神上的墮落確實可能導致絕症。但是，毒瘤可以用手術割除，惡劣的情緒卻不能。只有你自己有力量糾正心理的偏頗，才能重回健康、富有和幸福的正道。

挫敗不可能排除態度的因素。愛迪生估計他發明電燈時，共做了一萬四千次以上的實驗。他成功的發現許多方法行不通，但還是繼續做下去，直到發現了一種可行的方法為止。他用自己的人生經歷證實了大射手與小射手之間的唯一差別：大射手只是一位繼續射擊的小射手。除非我們放棄，否則我們就不會被打垮。偉大的希臘演講家德謨克利特因為口吃而害臊羞怯。他父親留下一塊土地，想使他富裕起來，但當時希臘的法律規定，他必須在擁有土地所有權之前，先在公開的辯論中戰勝所有人才行。口吃加上害羞使他慘敗，結果喪失了這塊土地。從此他發憤努力，創造了人類前所未有的演講高潮。歷史上忽略了那位取得他土地的人，但一連好幾個世紀，世界各地的學童都在聆聽德謨克利特的故事。

所以，不管你跌倒多少次，只要再起來，你就不會被擊垮。挫敗，繼續堅持；繼續努力，你就會成功。

我們知道，在做成事情的旅途上，我們不僅時時受到外界的壓力，還時時受到自身的挑戰。自身是阻擋我們成功的最大「敵人」，要靠我們自己去對付。因此，我們要敢於做自己的對手，戰勝自己。

首先，我們要在心理上做自己的對手，要有信心，要自信地從挫敗中走出來。有了必勝的信心，才會有做成事情的可能。

其次，應該對自己已做成的事情提出新的挑戰，不要躺在成功的溫床上。今天的我們要超越昨天我們所做的一切行為。我們要盡最大的能力去爬今天的高山。明天我們要爬得比今天更高，後天爬比前一天還要高的山。超越別人的事業並不重要，超越自己已有的事業才是首要的。

再來，應該時時以自己為對手，戰勝自己，直視自己。就像前面講到，我們要時時為自己創立一定的危機或挫敗情境，這樣，才能使自己強大起來，永遠立於不敗之地。

著名成功學家魏特利的朋友科林講述過自己親身經歷的故事。

「若干年前，我實現了人生理想：建築事業蒸蒸日上，有舒適的豪宅，兩輛新車，還有一艘帆船，婚姻美滿。應有盡有。

「突然，股票市場崩潰，一夜之間蓋的房子無人問津。要償付沉重的利息，幾個月就耗盡了儲蓄。以為情況壞到不能再壞的時候，太太說要離婚。

「不知今後如何是好，我決定『揚帆駛向夕陽』，沿海岸從康涅狄格州南下佛羅里達州。可是到達新澤西州海岸之後，我竟然轉向正東航行，直奔大海。幾小時後，我靠著欄杆，『讓海水吞了我該多容易。』我心想。

「突然間，船被大浪托高再疾墜。我失去平衡，幸好抓住欄杆，但兩隻腳已浸在冰冷的海水裡。我勉強爬回船上，嚇壞了，心想：『是怎麼回事？我可不想死。』從那時起，我知道必須振作，才能渡過難關。舊日生活已去，必須重建新生才行。」

我們必須做點什麼幫助自己渡過難關。應該堅信我們是能幫助自己走出人生低谷的。魏特利博士教給人們一些克服懼怕困境心理和擺脫困境的方法。

1、大哭一場

專家都說讓自己傷心一陣子很有作用。這並不可恥，流眼淚不僅是傷心的表現，而且是悲哀或感情的發洩。即使悲痛在傷心事發生後一段時間才顯露出來，也沒有關係，只要終究能發洩就行。

2、參加輔導團體

一旦決定「要好好過日子」，就要找個傾訴對象，跟過來人談談也許最有幫助。

3、閱讀

初期的震盪過後，一旦重新集中心神開始閱讀，閱讀書籍——尤其是教你自助自療的書籍，能給你啟發，使你放鬆。

4、寫日記

許多人把遭逢不幸之後的平復過程逐一記載下來，從中獲得撫慰。此法甚至可以產生自療作用。

5、安排活動

要想到人生中還有你所期盼的事，這樣想可以加強你勇往直前再創造前途的態度。不妨現在就決定你拖延已久的旅行日期。

6、學習新技能

到社區學院去選一門新課，找個新嗜好，可以學打球。你可以有個異於往昔的人生，可以借新技能加以充實。

7、獎勵自己

在極端痛苦的時刻，哪怕是最簡單的日常事務——起床、洗澡，做點東西吃——都似乎很難。應把完成每一項工作（不論多麼微不足道）都視為成就，獎勵自己。

8、運動

體育活動的療效特別顯著。有個中年女性在二十一歲的兒子自殺後便心神紊亂，無心做事。她聽朋友之勸參加了爵士樂運動班。後來，她說：「那只是跟著音樂伸展，身子舒服些，心情也好多了。」

運動能使你拋開心事，拋開煩惱，讓你腳踏實地感受自己在做什麼。

9、不再沉溺

在許多人挨過了創痛期之後，最終會感到必須有所為，也許是創設有關組織，或寫書，或是參與促使公眾關注的活動。在這個過程中會發現，幫助他人是很有效的自療方法。

人人都想做好事情，每一個人都想獲得一些最美好的事物。沒有人會喜歡巴結別人，過平庸的生活。我們已經從挫敗中慢慢走出來，我們已經覺得挫敗不可怕，挫敗可以被戰勝，但是我們現在缺乏什麼呢？我們還缺乏從廢墟中重建羅馬的勇氣和信心，只有具備了這兩樣，才能最終戰勝挫敗，實現「挫敗——做好事情一再挫敗——再做好事情」的成功模式。

對畏懼、膽怯、害羞說不

在我們的成長過程中，一定要痛下決心改變我們個性中的某些薄弱環節。

對畏縮、膽怯和害羞的人來說，如果能展現出大無畏堅忍的神態，如果能表現出自信的樣子，對他們往往大有裨益。同時，我們也要盡可能地增強我們的信心，在很大程度上，運用自我激勵的辦法可以使我們成功地做到這一點。

如果我們希望自己成為英雄人物，我們一定要激勵自己擁有無所畏懼的思想，我們絕不能害怕任何事情，絕不能使自己成為一個懦夫、一個膽小鬼。

如果你一直膽小怯懦，如果你容易害羞，那就不妨使自己確信——自己再也不會害怕任何人、任何事，那就不妨使你昂起頭、挺起胸來，你不妨宣稱你的男子漢氣概或是你的巾幗不讓鬚眉的氣概。一定要痛下決心改變我們個性中的薄弱環節。

如果一個人顯得孤僻、畏縮和害羞，那麼，這種不斷地宣稱「我是……」的哲學，這種不斷地宣稱「我是生來就要有所成就的人，我是將會有所成就的人」的態度，和一點點的日常訓練——即培養自己承擔責任的勇氣和自信心的訓練，無疑都會使一個膽怯懦弱的人以令人驚訝的速度成長為一個堅強勇敢的人。

如果你的父母和教師說你是一個笨蛋，是一個傻瓜，那麼，每當你想到這一說法時，你要堅決否認。你要不斷地宣稱，你並不愚蠢，你有能力，你將向那些不相信你的人們表明，你能做成其他人能成就的任何事。

無論別人如何評價你的能力，還是你面臨什麼困難，你絕不能容許自己懷疑能成就一番事業的能力，你絕不能對自己能否成為傑出人物心存疑慮。要盡可能地增強你的信心，在很大程度上，運用自我激勵的辦法可以使你成功地做到這一點。

反敗為勝才是真正的成功

在人生路上，反敗為勝是一種成熟的象徵，因為這是在絕境中最強烈求勝欲望的總爆發、總表現。一個人可以沒有錢來支配自己的時光，但必須有反敗為勝的毅力，才能自我拯救，變成真正的成功者。

能夠反敗為勝是一個人成大事最直接、最鮮明的標誌。尼采認為，優秀傑出的人「不僅忍人所不能忍，並且樂於進行這種挑戰。」當你在某一刻突然遭受挫敗的時候，不要以為天下就你一個人會遭遇到這樣的事情，事實上人在成大事的過程中，都有失敗的可能。如果失敗了，需要我們進發出反敗為勝的勇氣。

能夠反敗為勝是一個人成大事最直接、最鮮明的標誌。也就是說，面對已經失敗的局面，成大事者能在失敗的地方站起來，重塑自我。偉大的心理學家阿德勒終其一生都在研究人類及其潛能，他曾經宣稱發現人類最不可思議的一種特性——「人具有一種反敗為勝的力量。」瑟爾瑪・湯普森講述了自己的經歷正好印證了那一句話。

「戰時，我丈夫駐防加州沙漠的陸軍基地。為了能經常與他相聚，我搬到那兒附近去住，那實在是個討厭的地方，我簡直沒見過比那兒更糟糕的地方。我丈夫出外參加演習時，我就只好一個人待在那間小房子裡。熱得要命——仙人掌樹蔭下的溫度高達攝氏五十二度，沒有一個可以談話的人。風沙很大，所有我吃的、呼吸的都充滿了沙、沙、沙！

「我覺得自己倒楣到了極點，覺得自己好可憐，於是我寫信給我父母，告訴他們我放棄了，準備回家，我一分鐘也不能再忍受了，我情願去坐牢也不想待在這個鬼地方。我父親的回信只有三行，這三句話常常縈繞在我心中，並改變了我的一生：有兩個人從鐵窗朝外望去，一人看到的是滿地的泥濘，另一個人卻看到滿天的星辰。

「我把這幾句話反復念了好幾遍，覺得自己很丟臉。決定找出自己目前處境的有利之處，我要找尋那一片星空。

「我開始與當地居民交朋友，他們的反應令我心動。當我對他們的編織與陶藝表現出很大的興趣時，他們會把拒絕賣給遊客的心愛之物送給我。我研究各式各樣的仙人掌及當地植物。我試著多認識土撥鼠，我觀看沙漠的黃昏，找尋三十萬年前的貝殼化石，原來這片沙漠在數萬年前曾是海底。

「是什麼帶來了這些驚人的改變呢？沙漠並沒有發生改變，改變的只是我自己。因為我的態度改變了，正是這種改變使我有了一段精彩的人生經歷。我所發現的新天地令我覺得既刺激又興奮。我著手寫了一本小說——我逃出了自築的牢獄，找到了美麗的星辰。」

瑟爾瑪・湯普森所發現的正是耶穌誕生前五百年希臘人發現的真理：「最美好的事往往也是最困難的。」

哈里・愛默生・弗斯狄克在二十世紀再次重述它：「真正的快樂不見得是愉悅的，它多半是一種勝利。」沒錯，快樂來自一種成就感，一種超越的勝利，一次將檸檬榨成檸檬汁的經歷。

還有一位喪失雙腿的人，他也能反敗為勝。他名叫本•佛森。羅克在佐治亞州大西洋城的一家旅館的電梯中遇到他。羅克步入電梯時，注意到這位表情愉悅的人沒有腿，他坐在電梯角落的輪椅上。電梯停在他要去的那層樓時，他和善地請羅克移到角落，以便他更順利地移動輪椅。「對不起！」他說，「讓您不方便了！」臉上掛著溫煦的笑容。

羅克步出電梯回房時，實在沒法不想著這位開心的殘疾者。於是羅克找到他，請他告訴自己的故事。

「事情是發生在那一年，」他面帶微笑說，「我到山上去砍伐山胡桃木，我把木材堆在車上，開車回家。忽然一根木條滑下來，正在我急轉彎時，木條卡在車軸上，我立即被彈到一棵樹上，脊椎骨受了傷，雙腿因此癱瘓。當時我二十四歲，從那以後，我沒有再走過一步路。」

一個二十四歲的青年，就被宣判一輩子要在輪椅上度過。羅克問他怎麼能這麼勇敢地面對事實。他說：「我不能。」他說他當時憤怒抗拒，怨恨命運作弄。但是年歲漸長，他發現抗拒對自己毫無幫助，只不過使自己變得尖酸刻薄。「我終於體會到，」他說，「別人都和善禮貌地對我，我起碼也應禮貌和善地回應人家。」

羅克再問他，過了這些年，他是否仍覺得那次事件是個不幸。他說：「不！我幾乎慶倖它的發生。」他告訴我，經過了那個震驚與憤恨的階段，他開始在一個完全不同的世界中生活。他開始閱讀並培養出對文學的嗜好，十四年來，他說他起碼讀了一百四十本書籍，這些書拓展了他的領域，他的人生比以前所能想像的還要豐富。他也開始欣賞音樂，現在令他感動的交響樂以前只會令他打盹。然而，真正最重大的改變，還是他有了思考的時間。「我一生中第一次，」他說，「真正用心看世界，並體會其價值。我終於體會到以前努力追求的很多事，其實都沒有真正的價值。」

透過閱讀，他開始對政治感興趣，他研究公共問題，坐在輪椅上發表演說！他開始瞭解人們，而人們也開始認識他。他坐在輪椅上，還當上了佐治亞州州務卿。

達爾文，這位改變人類科學觀點的科學家說：「如果我不是這麼無能，我就不可能完成所有這些我辛勤努力完成的工作。」很顯然，他坦承自己受到過一些刺激。

達爾文在英國誕生的同一天，在美國肯塔基州的小木屋裡也誕生了一位嬰兒。他也是受到自己缺陷的激發，他就是亞伯拉罕•林肯。如果他生長在一個富有的家庭，得到哈佛大學的法律學位，又有圓滿的婚姻，他可能永遠不能在葛底斯堡講出那麼深刻動人的詞句，更別提他連任就職時的演說——可算得上是一位統治者最高貴優美的情操，他說：「對人無惡意，常懷慈悲於世人……」

卡內基在紐約市教授成人教育課程時，發現很多人都有一個很大的遺憾，就是沒有機會接受大學教育。他們似乎認為未進大學是一種缺陷，而他認識的許多成功人士也都沒上過大學，因此，他知道這一點並沒有這麼重要。於是，他常告訴那些學員關於一個失學者的故事。

那個人童年非常貧困，父親去世後，靠父親的朋友幫忙才得以安葬。他的母親必須在一家製傘工廠一天工作十小時，再帶些零工回來做，做到晚上十一點鐘。

他就是在這種環境下長大的，有一次他參加教會的戲劇表演，覺得表演非常有趣，於是就開始訓練自己公眾演說的能力，後來也因此他進入政界。三十歲時，他已當選為紐約州州議員。不過對於接受這樣的重大責任，他其實還沒有準備妥當。事實上，他親口告訴別人他還搞不清楚州議員應該做些什麼。

於是，他開始研讀冗長複雜的法案，這些法案對他來說，就跟天書一樣。後來，他被選為森林委員會的一員，可是因為他從來不瞭解森林，所以他非常擔心。他又被選入銀行委員會，可是他連銀行帳戶也沒有，因此他十分茫然。他告訴我，如果不是恥於向母親承認自己的挫折感，他可能早就辭職不幹了。絕望中，他決定一天研讀十六小時，把自己無知的酸檸檬，榨成知識的甜檸檬汁。因為這種努力；他由一位地方政治人物提升為全國性的政治人物，他的表現如此傑出，連《紐約時報》都尊稱他是「紐約市最可敬愛的市民」。這位戰勝了弱點而充分發揮自己優勢一舉成名的傳奇人物——阿爾・史密斯（Al Smith）。

在阿爾開始自我教育後的十年，他成為紐約州政府的活字典，他曾連任四屆紐約州州長——當時還沒有人擁有這樣的紀錄。一九二八年，他當選為民主黨總統候選人。包括哥倫比亞大學及哈佛大學在內的六所著名大學，都曾頒授榮譽學位給這位年少失學的人。

阿爾親口告訴卡內基，如果不是他一天勤讀十六小時，把他的缺失彌補過來，他是絕對不可能有今天的。

我們越研究那些有成就的人，越深信一點，他們的成功大部分是因為某種缺陷激發了他們體內不可預測的潛能。威廉・詹姆士曾說：「我們最大的弱點，也許會給我們提供一種出乎意料的助力。」是的，彌爾頓如果不是失去視力，可能寫不出如此精彩的詩篇；貝多芬則可能因為耳聾才得以完成更動人的音樂作品；海倫・凱勒的創作事業完全是受到了耳聾目盲的激發；如果柴可夫斯基的婚姻不是那麼悲慘，逼得他幾乎要自殺，他可能難以創作出不朽的《悲愴交響曲》。

在我們閱讀這些反敗為勝的故事時，只能接受這樣一個事實：一個人可以沒有金錢支配自己的時光，但必須有反敗為勝的毅力，才能自我拯救，變成真正的成功者。

要有失敗的心理準備

懷特和吉姆是同時進入一家公司的，懷特繼吉姆升任部門主管後，不久也被提升為部門主管。但懷特在不久後再次被提升為經理助理，而吉姆在調動過幾個部門後，仍然擔任部門主管。懷特的升官對他打擊很大，他感覺自己沒被重用，認為自己競爭失敗了。於是，他不求創新，不求突破，不求有功，但求無過，這樣一來，結果被評價為沒有上進心，經不起考驗的人，與懷特的差距越來越大。

面對挫折，自認為失敗才是徹底的失敗。在競爭中，造成失敗的因素是多方面的：

1、積極地工作，但因情況不斷變化未能適應而失誤。

2、故步自封，穩步慢行，被別人追趕上來而失敗。

3、害怕挑戰，害怕犯錯，不戰而敗。

4、摸著石頭過河，偶然失足。

人無完人，金無足赤，偶然的失誤和失敗是難免的，因此你要有失敗的心理準備，能夠承受失敗的打擊。但又不能以此來原諒自己，放鬆自己，而要吸取失敗教訓，繼續前行，勇於競爭。要提高你的忍耐能力，我們才能走向成功。記得：

1、適者生存，適者發展。

2、生命力衰退的早期徵兆，就是適應能力的減弱。

3、求大同、存小異，並不是毫無原則地左右奉承。

4、想要成功，必須得到他人的支持，也要支持他人。越是困難的地方越是要去，勝利就在於堅持。

5、具有忍耐能力，可使你有足夠的時間去完成工作。

6、失敗能否成為成功之母，在於你的振作和努力。

7、充滿朝氣是積極工作的維生素。

8、人有毅力萬事成，人無毅力萬事休，成功的全部秘訣在於：不屈不撓，堅持到底。

有所追求的人不可避免地會遇到各種困難和打擊，在逆境中，我們要培養出不怕困難、戰勝困難的精神，堅強的意志也就能在困境中練就。困境可以檢驗一個人的品格。如果一個人敢於直面困境積極主動尋求解決問題的辦法，那麼他或遲或早，總會成功。如果一個人被困難嚇倒，灰心喪氣，無所作為，那麼即使困境局面消除，他也不會走出失敗的陰影。

兩度獲得諾貝爾獎的偉大科學家居里夫人曾說：「我們的生活都不容易，但那有什麼關係？我們必須有恆心，尤其要有自信力。我們必須相信我們的天賦是要用來做某種事情的，無論代價多麼大，這種事情必須做到。」

是的，居里夫人的成功，除了她的天才以外，就在於她的忍耐。如果沒有這一點，那麼從數噸廢礦渣中提取〇・一二克氯化鐳簡直是難以想像的。

在一年夏季世界游泳比賽運動會上，美國奇人珍妮・湯普森帶著嚴重臂傷獲得兩面金牌。消息傳出，的確令人嘆服。湯普森五月底摔斷了左臂，六月初做了手術，共縫合了一百多針，手臂用七枚釘子和鈦板固定著。她手術後十天就重返游泳池訓練。在一九四九年以前，她打破了保持五十九年之久的一百公尺自由泳世界紀錄。

她說本賽季的目標之一，就是打破世界紀錄。最後，她雖沒有打破她自己創造的世界紀錄，但她畢竟獲得了兩面金牌，她用盡了自己的一切力量。與其說她的成績是速度的勝利，毋寧說是意志和恒心的勝利！

堅忍的意志，是一切成就大事業的人所具有的特徵。他們或許缺乏良好的素質，或許有各種弱點與缺陷，然而他們具備了堅忍的意志。這是所有成就大事業的人所絕不可缺少的涵養。勞苦不足以使他們灰心，困難不足以使他們喪志。不管處境如何，他們總能堅持與忍耐，因為堅忍是他們的天性。

逆境不是我們的仇敵

在現實生活中，逆境與憂苦，都能將我們的心靈引爆。在那個炸開的裂縫中，會有豐盛的經驗、新鮮的歡愉，不停的噴射出來！一個著名的科學家說：當我遭遇到一個似乎不可超越的難題時，就知道自己快要有新的發現了。

大無畏的人，愈為環境所迫，愈加奮勇，不戰慄，不逡巡，胸膛直挺，意志堅定，敢於對付任何困難，輕視任何厄運，嘲笑任何逆境。因為憂患、困苦不足以損他一毫一厘，反而足以加強他的意志、力量與品格，使他成為了不起的人物。有許多人一生的偉大，來自他們所經歷的困難。精良的斧頭、鋒利的斧刃是從爐火的鍛鍊與磨練中得來的。很多人，具備大有作為的才能，由於一生中沒有同逆境搏鬥的機會，沒有充分的困難磨練，足以刺激起其內在的潛伏能力的發動，而終生默默無聞。

逆境不是我們的仇敵，其實是恩人。森林中的大樹，若不是與不同暴風驟雨搏過千百回，樹幹不會長得十分結實。人不遭遇種種逆境，他的人格、本領，也不會長得結實的。一切的磨難、憂苦與悲哀，都是足以助長我們、鍛鍊我們的。

在格里米戰役的一次戰事中，一顆炮彈把戰區中一座美麗的花園炸毀。但在那個被炮火所炸開的泥縫中，卻忽然發現一道泉水在噴射。從此以後，這兒就成了一個永久不息的噴泉。

有許多人不到窮困潦倒不會發現他自己的力量。災禍的折磨足以助我們發現自己的能量和價值。困苦、逆境，彷彿是將他的生命煉成「美好」的鐵錘與斧頭。唯有逆境、困難，才能使一個人變得堅強、變得無敵。

初出茅廬的作家，把書稿送入出版社，往往會受到退稿的回復，但卻因此造就了許多著名的作家。

逆境足以喚起一個人的熱情，激發一個人的潛力而使他達到成功的。有本領、有骨氣的人，能將失敗變為成功，像蚌殼般能將煩惱它的沙礫化成珠子一樣。鷲鳥一旦毛羽生成，母鳥會將牠們逐出巢外，讓牠們做空中飛翔的練習。那種經驗，使牠們能於日後成為禽鳥中的君主和覓食的能手。凡是環境不順利，到處被摒棄、被排斥的青年，往往日後會有出息，而那些從小就環境順利的人，卻常常「苗而不秀，秀而不實」！

貧窮、痛苦不是永久不可超越的障礙，反而是心靈的刺激品，可以鍛鍊我們的身心，使得我們身心更堅毅、更強固。鑽石愈硬，則它的光彩愈耀眼；要將其光彩顯出來時所需的摩擦也愈多。只有摩擦，才能使鑽石顯示出它全部的美麗。火石不經摩擦，火花不會發出；人不遇刺激，生命火焰不會燃燒。

賽凡提斯寫他的《唐・吉訶德》是在他困處在馬瑞德獄中的時候。那時他貧困不堪，甚至無錢買紙，在將完稿時，把皮革當做紙張。有人勸一位西班牙成功人士去接濟他，那位成功人士回答說：「上天不允許我去接濟他的生活，因為唯有他的貧困，才能使得世界豐富！」

監獄往往能喚起高貴的人心中已經熄滅的火焰。《魯濱遜漂流記》是在獄中寫成的，《天路歷程》是在彼特福特監獄中寫成的。拉萊在他十三年的幽囚生活中，寫成了他的《世界歷史》。路德幽囚在瓦特堡的時候，把《聖經》譯成了德文。大詩人但丁被判死刑，而過著流亡的生活達二十年，他的作品就是在這個時期完成的。

有史以來，被壓迫、被驅趕，簡直是猶太人註定的命運。然而猶太人卻產生過許多最可貴的詩歌、最巧妙的諺語、最華美的音樂。對於他們，「迫害」仿佛總是同「逆境」攜手而來的。猶太人很富裕，許多國家的經濟命脈，幾乎都是掌握在猶太人手中。對於他們，「困苦如春日的早晨，雖帶霜寒，但已有暖意；天氣的冷，足以殺掉土中的害蟲，但仍能容許植物的生長！」

過去，成功人士常被人視為天才，或是說他們有奇遇。但在現實世界中自詡的天才，往往是聰明反被聰明誤，不然就是禁不起逆境的考驗，導致他們自己一蹶不振。擁有財富並非出於天才，只是執著而已。擁有財富與逆境常是一體之兩面，成功人士也是逆境最多的人。

人生中兩個重要的事實特別顯著。一是在人生複雜多變的情況裡，不可避免地會遭遇失敗，可能只是方式不同，時間不同。二是每一個挫折都附帶著具有等值好處的種子。

首先，對待挫折的正確態度，是拒絕接受「有長期挫折可能」的態度。維持這種態度的最好方式在於，充分發展自己的意志力，將挫折看成挑戰和考驗。這個挑戰，應該被接受為一項刻意傳達的資訊，必須適度修正自己的計畫。看待挫折就好像看待病痛一般。顯然，肉體上的病痛是大自然通知個人的一種方式，說明有些事情需要加以注意及矯正。病痛可能是福氣，而非禍因。同理，當人遭遇挫折時所經歷的心理痛苦，或許會帶來不舒服的感受，然而，卻是有益的。因為，它是一項阻止個人繼續走上歧途的資訊。

激勵自己與命運抗爭

有些人在失敗時總歸於命運，認為那是命運的安排，實際上，世間並沒有神主宰人們浮浮沉沉的命運，人若自敗，必然失敗。

在每個地方，儘管有一些人抱怨他們的環境這也不行那也不行，他們沒有機會施展自己的才華，但是，就是在相同的條件下，也有一些人卻設法取得了成功，使自己脫穎而出，聞名天下。

我們常常會遇到這樣那樣的困難，困難會使我們受到挫折和打擊，使我們產生失敗感、自卑心，這不利於我們實現自己的理想，但善於激勵自己則可以及時地調整自己的精神狀態，使我們自己從困難的陰影裡走出來。

激勵是一種積極的心理暗示。我們不妨試試每天早上對著鏡子對自己說：「我是一個有用的人，我有極高的才能和天分，這必須要感謝上天，它使我有健康的身體與堅毅的精神、對他人富有同情心，我具備如此多優點，絕不可能不獲成功的。今天我一定會遭遇好運，因為清早起來我就感覺非常愉快，對於工作我一定積極去做。」

假若每天清晨醒來時，能夠把以上的話重複三遍，那麼我們一天的精力就會格外充沛。這些話，也不妨在洗臉的時候，對著鏡子說三遍；等到進入辦公室時，再在落地鏡前有力地重複，並且加上一點身體動作。

越是重複說這樣的話，一股無形的力量便會激發你心裡的潛能，使它充滿你的全身，這是一種非常奇妙的作用。由於鏡中呈現的是自己的具體形象，因此更可以感覺出自己的堅強和自信。

古印度莫臥爾皇帝在一生中也經歷過許多次失敗。有一次，他不得不在一個馬槽裡躲避敵軍的搜捕。作為一國之統帥不得不躲在馬槽裡，他越想越喪氣，簡直忍不住要衝出去放棄自己的生命，就在這時，他看到馬槽裡有一隻螞蟻在艱難地拖著一顆玉米粒試著爬過一道看來它不可能過去的凹陷處。已經是第六次了，螞蟻從凹陷處翻滾下來，但小小的螞蟻似乎沒有意識到困難的巨大，它又一次銜起玉米粒爬了上去，終於它成功地翻了過去。莫臥爾從中受到了巨大的鼓舞，脫險後他再一次招集軍隊，不屈不撓地與敵人鬥爭，最後他建立了中世紀最後一個橫跨亞非歐的帝國。

許多具有真才實學的人終其一生卻少有所成，其原因在於他們深深為令人洩氣的自我暗示所害。無論他們開始想做什麼事，總是胡思亂想著可能招致的失敗，他們總是想像著失敗之後隨之而來的羞辱，一直到他們完全喪失創新精神或創造力為止。

對一個人來說，可能發生的最壞事情莫過於他的腦子裡總認為自己生來就是個不幸的人，命運女神總是跟他過不去。其實，在我們自己的思想王國之外，根本就沒有什麼命運女神。我們就是自己的命運女神，我們自己控制、主宰著自己的命運。

我們的命運，或是我們自己認為的所謂殘酷的命運，其實與我們自己有莫大的關係。我們經常看到有些能力並不十分突出的人卻工作得非常不錯，而我們自己的境況反不如他們，甚至於一敗塗地，我們往往認為有某種神秘的命運在幫他們，而在我們身上有某種東西總是在扯我們的後腿。但是，實際上卻是我們的思想、我們的心態出了問題。

學會蔑視別人對自己的挑釁

生活中有些侮辱可能是別人無意中附加給我們的。而又有些時候，我們所受的侮辱正是來自我們敵對的一方，是那些準備冷眼旁觀我們身陷窘境如何自處的敵人。這就需要我們充分利用自己的智慧，轉危為安。

三國時，魏將司馬懿在五丈原與諸葛亮對峙時，他料定蜀軍糧草匱乏，不利久戰，因此堅壁不出，以逸待勞。諸葛亮使激將法，派人將婦女的頭飾和衣服送給司馬懿，諷刺他縮頭藏尾，如婦人所為。

魏軍將領見此羞辱勃然大怒，爭先請戰。司馬懿卻欣然接受，為安撫士氣，繼續以堅壁不戰的戰略疲憊對方，同時故意上奏請示魏主曉諭攻守對策。如此書信往返，又消耗了一段時間，司馬懿終於以固守之策逼退無法僵持待戰的蜀軍。

能忍得旁人所難以忍受的東西，才能使自己能屈能伸，不斷地積蓄力量，增強忍耐力和判斷力，這樣才能在戰爭中取勝。現實生活中，我們同樣可以蔑視別人的挑釁，將他們對自己的侮辱轉化為激發自己前進的力量。

利特爾公司是世界上最著名的科技諮詢公司之一。它的前身是創始人利特爾一八八六年建立的一個小小的化學實驗室，創立之初鮮為人知，絲毫也不引人注目。一九二一年的一天，在許多企業家參加的一次集會上，一位大亨高談闊論，否定了科學的作用。而一向崇拜科學的利特爾帶著輕蔑的微笑，平靜地向這位大亨解釋科學對企業生產的重要作用。

這位大亨聽後，不屑一顧，還嘲諷了利特爾一番，最後他挑釁地說：「我的錢太多了，現有的錢袋已經不夠用了，想找豬耳朵做的絲質錢袋來裝。或許你的科學能幫個忙，如果做成這樣的錢袋，大家都會把你當科學家的。說完，哈哈大笑。聰明的利特爾怎麼會聽不出大亨的弦外之音呢？他氣得嘴唇直抖，但還是抑制住自己，表面上非常謙虛地說：「謝謝你的指點。」因為，這時利特爾想到的是一個千載難逢的大好機會。

其後的一段時間裡，市場上的豬耳朵被利特爾公司暗中搜購一空。購回的豬耳朵被利特爾公司的化學家分解成膠質和纖維組織，然後又把這些物質製成可紡織纖維，再紡成絲線，並染上各種不同美麗顏色，最後紡織成五光十色的絲質錢袋。這種錢袋進軍市場後，頓時一搶而空。

「用豬耳朵製絲質錢袋」，這一看來荒誕不經的惡意挑釁被粉碎了。那些不相信科學是企業的翅膀，從而也看不起利特爾的人，不得不對利特爾刮目相看。而利特爾公司因此名聲大振。面對挑釁，利特爾忍受輕蔑，「虛心」接受指點；不大吵大鬧、爭執強辯，也不義正詞嚴地加以駁斥，他不露聲色，暗中準備，將豬耳朵製成絲質錢袋成名。

利特爾成功起家的故事告訴我們：面對藐視，不如忍耐一下，用實際行動證明自己的能力。

錘鍊我們完美的人格

人格的魅力是天賜的財富，它能夠左右最強硬的人。有時人格甚至能控制一個國家的命運，當我們碰見他們時，我們有一種昇華的感覺，他們能釋放出一種無與倫比的潛力。我們擴大了視野，感到一種新的力量激盪全身，體驗到了一種信仰，彷彿長久以來一直壓迫我們的巨石被移開了。

儘管可能只是第一次見面，但我們已經能用一種使自己都震驚的方式和這樣的人交談。我們能超越自己，更清楚、更雄辯地表達自我。他們啟動了我們深藏的自我，他們引導我們發現了更深邃、更優秀的自己，在他們的氣質影響下，我們的腦海裡塞滿了各式各樣以前從來沒有出現過的衝動與渴望，生命馬上具有了一種更崇高的意義，一種要比過去做得更多更好的熱切渴望，在我們的心中如同熊熊大火般燃燒著。

1、提升你的人格

人生在世，總會遇到許多不平等或不公正的對待，但無論身處順境還是逆境，無論是對將軍還是士兵，每一個人在人格上卻都是平等的，這也恰恰是生活的公平。從這個意義上講：這個世界其實並沒有什麼卑微，但卻有卑鄙；也不存有什麼高貴，但卻有高尚。

然而，有些人總是千方百計製造尊卑，有些人也偏偏習慣於逆來順受。於是，才有了這個世界上的並不為少的或者狂妄或者自卑的悲劇。人所受的傷害最大莫過於心靈的傷害；所受的摧殘最大莫過於精神的摧殘；所受的侮辱最大莫過於人格的侮辱。但人格並不是別人想侮辱就可以侮辱得了的。

當然，自卑並不就是對人格的貶低，但自尊卻一定是對人格的提升。自尊也並不排斥自卑。一個有著深刻自尊的人，往往在血液裡也含有著深刻的自卑，只不過有人善於把這種自卑化解為一份自尊的動力罷了。

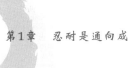

自卑總是在心裡與別人比較，越比越覺得自己的渺小，越比越容易失去自己。自尊卻不然，自尊並不要求你勝人一籌，自尊只希望你做得比自己認為可能達到的更好。自尊，是一個人靈魂中的偉大槓桿。

「要窮，窮得像茶，苦中帶有一縷清香。」這是自尊，「要傲，傲得像蘭，高掛一臉秋霜。」這是自尊。

自尊與虛榮不同。自尊是對自己負責，追求的是踏實。虛榮是為自己化妝，追求的是浮華。自尊與清高臨界。一個人身上如果沒有些清高，那他也許很難始終保持住自尊；但一個人如果太清高了，清高到居高臨下俯視人生的程度，那麼他不是導致虛無便是變得「假聖人」般的虛偽。因此說，人不可有傲氣，但不可無傲骨。

自尊是骨子裡的，骨子裡沒有，你是怎麼也裝不出來的。以自尊獲得他人尊重，是魅力；以尊重他人獲得他人尊重，是理解。而想以乞求得到他人尊重，則是愚蠢。

尊重別人也尊重自己。學會尊重別人，需要的是理解和寬容；學會尊重自己，有時還需要耐得住寂寞，耐得住清貧。所以說：「人淡如菊自高潔。」所以說：「人必先自愛而後人愛之，人必先自助而後人助之。」

如果自尊是根，那自重、自愛便是它沉甸甸的果實；如果說，自尊、自責、自愛是構築人格的基石，那麼，自強、自立，便是人格向上發展的階梯。

社會在不斷地進步，但無論人與人之間怎樣的溫暖與友愛、體諒和理解，靈魂的支撐點卻永遠在於自己！一個總是為物所累、為名所累、為利所累以致失去自尊的人，不是人格的扭曲便是出賣整個人格。可悲的是有人明明懂得這一點，卻禁不住花花綠綠的誘惑。因此，不能不想起陶行知老先生的一句話：「學做一個人。」

人格總是在關鍵時展現，但人格的形成卻是在平凡的日常生活中。一個人可以平凡，但不可以平庸；可以做凡人，而思索則要學習偉人。道理實在簡單，就像「竿子越高，你跳得也越高」一樣，一個人只要有勇氣、有自信，把自己面前的橫竿每天清晨都提高一節，那麼你人格的提升也就必然了。

2、善用個人魅力

你可能曾經遇到過初次見面時就深深吸引你的人，使你一見如故。事實上，每一個人都具有這種個人魅力，只是程度不同罷了。

個人的魅力似乎是與生俱來的，我們在言語及行為當中，把熱誠、愛及愉悅等情緒傳達給別人。我們無法增加個人魅力天生的質與量，卻可以加以組織，妥善運用，幫助我們達到任何目標。善用這種技巧的人，通常會成為領導者、開創者、行動者及提升人類文明的先鋒。然而，許多卑鄙的小人，同樣具有此種影響別人的偉大力量。因此，在確定別人的意圖和動機之前，我們都應該提高警覺。當然，你可以應用個人的能力追求成功，得到別人友善的合作，幫助你達到重要的目標。

個人的魅力主要是透過聲音、眼神及手勢散發出來——這些都是我們和別人溝通的主要方法。說話時的語氣和聲調往往比言談的內容和邏輯更有力量。因此，一個具有高度個人魅力的人，經常不需要開口說話就能夠吸引別人。

直接注視別人的眼睛，握手時厚實有力。充滿熱忱，散發自信；暢快地說話，聲音要有抑揚頓挫，能吸引別人的注意力。如此你也同樣具有無可抵擋的個人魅力。

有一天，一位禪師為了啟發他的門徒，給他的徒弟一塊石頭，叫他去菜市場，並且試著賣掉它，這塊石頭很大，很美麗。但是禪師說：「不要賣掉它，只是試著賣掉它。注意觀察，多問一些人，然後只要告訴我在菜市場，它能賣多少。」這個人去了。在菜市場，許多人看著石頭想：它可以是很好的小擺飾，我們的孩子可以玩，或者我們可以把這當做稱菜用的秤砣。於是他們出了價，但只不過幾個小硬幣。那個人回來，他說：「它最多只能賣到幾個硬幣。」

師父說：「現在你去黃金市場，問問那兒的人，但是不要賣掉它，光問問價。」從黃金市場回來，這個門徒很高興說：「這些人太棒了！他們樂意出到一百塊錢。」

師父說：「現在你去珠寶商那兒，但不要賣掉它。」他去了珠寶商那兒。他簡直不敢相信，他們竟然樂意出五萬塊錢，他不願意賣，他們繼續抬高價格——他們出到十萬。但是這個人說：「我不打算賣掉它。」他們說：「我們出二十萬、三十萬，或者你要多少就多少，只要你賣！」這個人說：「我不能賣，我只是問問價。」他不能相信：「這些人瘋了！」他自己覺得菜市場的價錢已經足夠了。

他回來，師父拿回石頭說：「我們不打算賣了它，不過現在你明白了，這個要看你，看你是不是試金石、有沒有理解力。如果生活在菜市場，那麼你只有個市場的理解力，你就永遠不會認識更高的價值。」

你瞭解自己的價值嗎？不在菜市場上尋找你的價值，為了「賣個好價」，你必須讓人把你當成寶石看待。

3、告訴別人如何尊重你

生活中，總有那麼一些人，他們不是三番五次的被人利用和欺負，就是被人佔了便宜或忍受人格的污辱。人們在表決時從不徵求他們的意見，不知什麼緣故，他們始終扮演著弱者的角色而不會抗爭。無論是在工作場所還是在家庭環境中，他們從來都不指望勝利，即使在與商店的營業員打交道時，他們也會敗下陣來。因為害怕營業員的眼珠子或是擔心對方說出什麼刺耳之言，他們常常買回自己都不滿意甚至不想要的東西。

這就是軟弱可欺。其實，「弱肉強食」往往並非是強人先來食，反而大多是「弱肉」們教別人來這樣對待他們。許多「妻管嚴」的丈夫抱怨妻子對他們的限制過多；另一方面，又有不少妻子忍氣吞聲地對丈夫的辱罵和操縱逆來順受。試問一下，他們在戀愛之初是這樣的嗎？為什麼今天會變成了這樣呢？

毫無疑問，「適者生存，弱者消亡」這一生物間的自然規律是不會變的。生活中的弱者，在事業上也往往難以強起來——既然連自己的意願都不能表達，又怎能指望他們標新立異的進行創新和有所創見呢？

既然生活可以將你改造成為一個「軟弱可欺」的弱者，那麼經過努力，你就一定能夠再度變為一個強者。有一些策略，我們加以運用以告訴別人如何尊重你。

盡可能地使用行動而不是用言辭抗爭。如果在家裡有什麼人逃避自己的責任，而你通常的反應就是抱怨幾句，然後自己去做，那麼下一次你就一定要用行動來表示反抗。如果應當是你的兒子去倒垃圾而他經常「忘記」，那你就提醒他一次；如果他置之不理，就給他一個期限；如果他仍然藐視這一期限，那你就不動聲色地把垃圾倒在他的床下。一次這樣的教訓，要比千言萬語更能讓他明白你所說的「職責」是什麼意思。重要的是，當你試圖這樣做時，不必過多的考慮其後果如何。

拒絕你最厭惡的、也未必是你職責的事。一兩個星期晚點上班，不主動更換開水和打掃辦公室，看看會發生什麼情況。當然，家庭外的問題處理起來要慎重些，而如果是家裡的事，則可以乾脆一些，「矯枉過正」。例如，你可以任意讓每餐的飯碗在水池裡堆積，無碗可用時，就去買新的。要不是你的家人能夠容忍這一切，就是他們得動手來自己照料。

斬釘截鐵地表示你的態度，即使在可能會有些唐突的場所，也必須毫無顧忌地對推銷員、陌生人說話，對蠻橫無理的人要以牙還牙，必須在一段時間內克服自己的膽怯和習慣心理，堅持一下；你就會發現事情本該如此！你只要從此中獲得十次成功，就一定會鼓起你的勇氣。注意，吵架時你就該大點聲！當然君子動口不動手，你只不過為了鍛鍊鍛鍊自己，跟他們沒仇。

不再說那些引誘別人來欺負你的話。「我無所謂」、「你們決定好了，我沒有這個本事」等，這類「謙恭」的推託之辭就像為其他人利用你的弱點開了許可證。當賣菜人讓你看秤時，如果你告訴他你對看秤一竅不通，那你就等於告訴他「多偷斤減兩」，這種事情隨時隨地都可以發生，如果你不介意的話！

對盛氣凌人者毫不退讓。當你碰到好隨意插嘴的、強詞奪理的、愛吹毛求疵的、令人厭煩的、多管閒事的，以及其他類似讓你難堪的欺人者時，要勇敢地指明他們的行為之不合理處，並要板起面孔對他們說「你剛剛打斷了我的話……」、「你的歪理是根本行不通的！」、「以你的邏輯推斷球就不是圓的了！」等等。這種策略是非常有效的教育方式，它告訴別人，你對他們不合情理的行為感到厭惡。你表現得越平靜，對那些試探你的人越是直言不諱，你處於軟弱可欺地位上的時間就越少。

告訴人們，你有權支配自己的時間和行為。不要去聽從那些並非命令的命令，休假期間你自己想做什麼就做什麼，出差辦事也大可不必抱住別人的大件行李，讓自己悠然自得的在前頭漫步。違背自己意願的出遊、為宴會湊人頭、幫忙買東西等等，都不要去做。你自己想做的事儘管去做，不要怕別人冷嘲熱諷，實在忍無可忍時，你盡可平靜地對他說，「這關你什麼事？」

敢於說「不」。乾脆地表明自己的否定態度，會使人立刻對你刮目相看。事實上，與那種遮遮掩掩、隱瞞自己真實感受和想法的態度相比，人們更尊重那種毫不含糊的回絕。同時，你也會從這種爽直的回答中，感到自信又回到自己的心中。欲言又止、支支吾吾的態度，只會給別人造成「誤解」你的意思的機會或漏洞。

不要為人所動，不要經常懷疑自己或感到內疚。如果別人對你的抗爭行為表示出不滿或因而生氣時，你不要為之所動、立即後悔。此時，他的情緒你還未必適應，你最需要的是站穩腳跟，靜觀後效。

記住，人們怎樣對待你，都最終取決於你自己。軟弱者突然出現的抗爭行為，往往會使人們不知所措，此時如果你不能堅持，那麼這就成了一場鬧劇，這對你的爭取「解放」的行為，無疑是一次巨大的打擊，並且今後會更難成功。

第2章 意志和毅力是萬里長征的雙足

堅強的毅力可以幫人渡過難關，堅韌的精神可在廢墟中重建。只要心不死、志不滅，在挫折中站起，成功之路將從不平坦之後一帆風順。

人的差異就在於意志的力量

肯・海瑟是個優秀的音樂家，他很有效地利用天分和在東南區監獄的囚犯溝通。

「我小時候，」他常跟那些犯人說，「在耶誕節曾得到一個禮物——小木琴，另外還有一本手冊，但卻我是在那本手冊不見了後才學會彈的。」他和他父母找遍屋內、院子和車子裡，都找不到手冊後，他坐下來開始哭。

「媽！」他嗚咽道，「音樂不見了！」

「兒子，」他母親回答道，「只是手冊不見了……音樂在你心中……仔細聽，你會彈的。」

「在監獄中，」他對那些囚犯說，「也許你覺得你跟一切都隔絕了，像生活到了一個盡頭，像音樂從你的生活中不見了。但音樂在你心中，如果你注意聽，你會聽到的，這樣你也就有了自己的人生。」

不論我們在哪兒，不論我們的環境如何，不論我們的遭遇有多不幸，我們生活中的音樂並未不見。它在我們心裡面，只要我們肯注意聽，我們就會彈。華盛頓・歐文說：「思想淺薄的人，會因不幸而變得膽小和畏怯，思想偉大的人只會因此而振作起來。」

拿破崙・希爾指出：「有一句老話說：『在生命向你擲來一把刀的時候，你要抓住它的兩個地方：刀口或刀柄。』如果你抓住刀口，它會割傷你，甚至使你致死；但是如果你抓住刀柄，你就可以用它來打開一條大道。因此一旦遭遇到大障礙的時候，你要抓住它的柄。換句話說，讓挑戰提高你的戰鬥精神。你沒有充足的戰鬥精神，就不可能有任何的成就。」

生活裡可能出現形形色色的屏障和難關。耳聾、失明、體弱多病……怎麼辦？自我憐憫是羞見於人的。

耳聾也不是真正的障礙。貝多芬三十歲便失去了聽覺，耳朵聾到聽不見一個音節的程度，但他仍為世界譜寫了宏偉壯麗的《第九交響樂》。湯瑪斯・愛迪生是聾子，他要聽到自己發明的留聲機唱片的聲音，只能靠用牙齒咬住留聲機盒子的邊緣，透過頭蓋骨骨頭受到震動，才得到聲響感覺。

失明也不是真正的障礙。不屈不撓的美國科學家弗羅斯特教授苦鬥二十五年，硬是用數學方法推算出太空星群以及銀河系的活動、變化。他是個盲人，一點看不見他熱愛了終生的天空。

埃及著名文學家塔哈由於患眼疾，在三、四歲時就雙目失明。但性格倔強的小塔哈，沒有向命運屈服，他以驚人的毅力與勇氣，頑強地闖出了一條光明之路。他刻苦認真地學習，課餘時間從不荒廢。他聽別人朗誦詩歌，就默默在心裡記下，並請別人幫助自己朗讀。他經常到鄰居家走動，學習來自民間的淳樸、生動的語言，這一切為他進入大學進一步深造，打下了堅實的基礎，塔哈憑自己的努力，進入著名的埃及大學，畢業時獲得了埃及歷史上第一個博士學位，得到國王的親准，到法國巴黎留學，後又獲法國的博士學位。透過個人不懈的努力和奮鬥，他為阿拉伯文學寶庫留下了不朽的鴻篇巨著，被稱譽為「阿拉伯文學之柱」，「代表了二十世紀三〇年代以來阿拉伯的新文學方向」。

體弱多病不是真正的障礙！愛爾蘭著名作家、詩人斯蒂・布朗一生中寫出了五部巨著，令人驚嘆的是這些著作是他用左腳趾寫成的，其間的艱辛不言而喻。

布朗生下來就全身癱瘓，頭、身體、四肢不能動彈，不會說話，長到五歲還不會走路。但五歲的小布朗會用左腳趾夾著粉筆在地上亂畫了。在母親的耐心教導下，布朗學會了二十六個字母，並對文學產生了濃厚的興趣。

布朗努力克服因身體殘疾帶來的不便，用超出常人的巨大毅力，進行刻苦頑強的磨練，學會了用左腳打字、畫畫，也開始了作文和寫詩。他進行寫作時，就把打字機放在地上，自己坐在高椅上，用左腳上紙、下紙、打字、整理稿紙，克服了巨大困難。經過艱苦的努力，終於創作了大量的文學作品。尤其是他的自傳體小說《生不逢辰》面世後，轟動了世界文壇，被譯成了十五國文字，廣泛流傳，並且拍成電影鼓舞著世界人民。

這位一生都在與病魔作頑強鬥爭的偉大詩人和作家，在他短暫的一生中，一直都在寫作。直到他四十八歲告別人世前，還最後完成了小說《錦繡前程》，為我們留下了寶貴的精神財富。

達爾文被病魔纏身四十年，可是他從未間斷過從事改變了整個世界觀念的科學預想的探索。愛默生一身多病，包括患有眼疾，但是他留下了美國文學第一流的詩文集。查理斯·狄更斯病不離體，卻正是他在小說中為世界創造了許多最健康的人物。米開朗基羅腸功能紊亂，莫里哀有肺結核，易卜生有糖尿病……

貧窮也不是真正的障礙。梅隆家族是美國的超級巨富，第一次世界大戰以後，它壟斷了新興的製鋁工業；第二次世界大戰以後，它又以石油為主要產業在美國工礦企業中雄居首位。據美國《幸福》等雜誌的統計，一九五〇年梅隆財團控制下的企業總資產約為三百二十九億美元，在美國八大財團中占第六位。梅隆財團第一代創始人湯瑪斯・梅隆則是這份家業的開拓者。梅隆家族祖祖輩輩生活在愛爾蘭鄉間，只有很少的土地，相當貧困。

湯瑪斯・梅隆十四歲的一天，他在種蕎麥。突然，湯瑪斯在犁過的田上發現了一本散落的《班傑明・佛蘭克林自傳》。從這本書裡，湯瑪斯看到了像他一樣的普通人，也可以富有教養、通達事理、出人頭地。他後來寫到：「我看到了佛蘭克林，他比我還窮，但憑著勤奮、節儉，他終於變成了才識出眾、睿智果斷、富有而又聞名的人物。」從此，一種不安躁動在他心裡，那就是佛蘭克林吸引他去思考放棄土地。這個偶然事件給湯瑪斯的影響貫穿其畢生，四十三年以後，當他最終建造起象徵他事業頂峰的銀行大廈時，他沒有忘記在人形山頭的中央，矗立起一座鐵製的佛蘭克林塑像。

如果你常常覺得自己的創業條件不夠好，那麼，從這些人身上，我們應該找到勇氣——行動的勇氣。勇氣，鼓舞我們面對困難；勇氣，幫助我們抗拒阻力；勇氣，陪伴我們走向成功。

你能比想像做得更好

在懦夫的眼裡，不論做什麼事情都是危險的；而熱愛生活的人，卻總是蔑視困難，勇往直前。這就是勇者與懦夫的區別。

在生命中，冒險是一切成功的前提。沒有冒險者，就沒有成功者。冒險越大，成功越大，冒險是成功的開始，一個對什麼都沒有興趣熱情而安於現狀的人來說，冒險是唯一可以解救他的東西；對於一個小有成就的人來說，冒險會使他的投資贏得更多利益（冒險本身就是一種投資）。不敢接受挑戰的人，一開始已經被打敗了。

一個房產開發商多次投資冒險都以贏而告終，開發商說，他之所以屢屢得手，主要是他敢於冒險。他在選擇一個投資項目時，如果別人都說可行，這就不是機會——別人都能看見的機會不是機會。他每次選擇的都是別人說不行的項目，只有別人還沒有發現而你卻發現的機會才是黃金機會，儘管這樣做冒險，但不冒險就沒有贏，只要有五十％的希望就值得冒險。

一億年以前，地球上到處是體積碩大的恐龍。後來，地球上發生變故，恐龍在很短的時間中滅絕，迄今，科學家還不能確定究竟是發生了什麼樣的變故導致了這樣的大災難。但唯一能確定的，就是恐龍因為無法適應這種變故，而遭致絕跡的下場。

能變通者才能生存，「物競天擇，適者生存」的準則，不僅適用於上古時代，同樣也適用於科技文明的現代社會。不論是生物學家還是經濟學家都承認，在這場激烈的競賽中，凡是不能適應者，都會被淘汰。

商場如戰場，刀槍本無情。如果一個人在作戰的中途倒下，便顯示其生存的條件不夠。不幸的是，在各個工作場所中，我們可以看到，仍然有太多的「恐龍式人物」存在。這些「恐龍式人物」的特徵大致如下：頑固、嚴苛、立定不前、缺乏彈性。

在工作上，「恐龍族」最大的障礙，就是無法適應環境。在他們周圍有許多學習新技術、深造、更換職務、創新企業等機會，但是他們往往視而不見，根本無心去尋求新的突破。

工作與生活永遠是變化無窮的，我們每天都可能面臨改變，新的產品和新服務不斷上市、新科技不斷被引進、新的任務被交付，新的同事、新的老闆……這些改變，也許微小，也許劇烈。但每一次的改變，都需要我們調整心情重新適應。

面對改變，意味著是對過去某些舊習慣和老狀態的挑戰，如果一個人頑固地守著過去的行為與思考模式，並且相信「我就是這個樣子」，那麼，嘗試新事物就會威脅到自己的安全感。

「恐龍族」不喜歡改變，他們安於現實，沒有創新精神，沒有工作熱忱，滿腦子都是目前的狀態，不設法改進自己，不讓自己有資格做更好的工作。

「恐龍族」不肯承認改變的事實。他們不願為自己製造機會，而情願受所謂運氣、命運的擺佈。因為不相信自己能掌握命運，所以會選擇錯誤，他們不是在平坦的道路上蹣跚前進，就是一輩子坐錯位置，他們的人生只是一場悲劇。

「恐龍族」犯的最大毛病，就是無法視變化為正常現象。他們沒有衡量自己適應變化的能力，包括步調、新觀念、做事的彈性和效率，他們更不會探索自身的潛能，遇到變故發生，一般只會坐以待斃。

不再成長，使得「恐龍族」過去所有的優點，逐漸都變成缺點。譬如，對工作的野心轉變為勾心鬥角、玩弄權術，對公司的忠誠轉變為逢迎拍馬，為了取悅上司，卻對下屬粗率無禮。他們讓自己受限於困境，恐懼局限了他們的眼界，當然也降低了他們行事的能力。

「恐龍族」忘記了一個很重要的道理：一個人能否獲得個人成就，看他是不是願意嘗試。樂於冒險，喜歡試驗，能變通。這些才是獲得學習和進步的唯一途徑。

縱觀歷史，我們就會發現：一個民族的振興，一個國家的繁榮，都與這個民族所具有的冒險精神分不開。冒險精神常常更能充分地表現一個民族的創業精神。可以說，沒有一大批冒險家從事美國西部地區的開發，就不會有今天的美國。在中世紀的歐洲，沒有冒險精神也就不會有許多懷有新穎思想和見解的學者，因為缺少勇氣，也就被神學禁錮了自己的創新成果。如果沒有哥白尼、布魯諾那些勇敢的科學家，荒誕的「地球中心說」不知要延續到何時。

對於個人發展來說，冒險則成為通向強者的必經之路。在同樣情況下，強者之所以成為強者，就是因為他們敢為別人所不敢為。

走運的人一般都是大膽的。除了個別的例外情況，最膽小怕事的人往往是最不走運的。幸運可能會使人產生勇氣，反過來勇氣也會幫助你得到好運。當然，「大膽」

不同於「魯莽」，二者是有本質區別的。如果你把一生的儲蓄孤注一擲，採取一項引人注目的冒險行動，在這種冒險中你有可能失去所有的東西，這就是魯莽輕率的舉動。如果你儘管由於要踏入一個未知世界而感到恐慌，然而還是接受了一項令人興奮的新的工作機會，這就是大膽。

J·保羅·格蒂是石油界的億萬富翁、一位最走運的人。在早期他走的是一條曲折的路。他上學的時候認為自己應該當一位作家，後來又決定要從事外交部門的工作。可是，出了校門之後，他發現自己被奧克拉荷馬州快速發展的石油業所吸引，那時他的父親也是在這方面發財致富的。從事石油業偏離了他的主攻方向，但是他覺得，他不得不把自己的外交生涯延緩一年。作為一名盲目開發油井的人，他想試試自己的手氣。

格蒂首先是透過在其他開井人的鑽塔周圍工作籌集了錢，有時也偶然從父親那裡借些錢（他的父親嚴守禁止溺愛兒子的原則，可以借給兒子錢，但是送給他的則只是價值不大的禮物）。年輕的格蒂是有勇氣的，但不是魯莽的。如果一次失敗就足以造成難以彌補的經濟損失的話，這種冒險事他從來沒有做過。他頭幾次冒險都徹底失敗了。但是在一九一六年，他碰上了第一口高產油井，這個油井為他打下了以後騰飛的基礎，那時他才剛好二十三歲。

是運氣嗎？當然。然而格蒂的走運是應得的，他做的每一件事都沒有錯。那麼格蒂怎麼會知道這口井會產油呢？他確實不知道，儘管他已經收集了他所能得到的所有事實。「總是存在著一種機會的成分。」他說，「你必須樂意接受這種成分，如果你一定要求有肯定的答案，那你就會捆住自己的手腳。」

廉・丹佛說：「冒險意味著充分地生活。一旦你明白它將帶給你多麼大的幸福和快樂，你就會願意開始這次旅行。」

世界的改變、生意的成功，常常屬於那些敢於抓住時機，適度冒險的人。有些人很聰明，對不確定因素和風險看得太清楚了，不敢冒一點險，結果聰明反被聰明誤，永遠只能「糊口」而已。實際上，如果能從風險的轉化和準備上著手計畫，那麼風險也並不可怕。

茫茫世界風雲變幻，漫漫人生沉浮不定，而未來的風景卻隱在迷霧中，向那裡進發，有坎坷的山路，也有陰晦的沼澤，深一腳淺一腳，雖然有危險。但這卻是在有限的人生中通往成功與幸福的捷徑。

但世界上大多數人卻不敢走這條冒險的捷徑。他們熙來攘往地擁擠在平平安安的大路上，四平八穩地走著。這路雖然平坦安寧，但距離人生風景線卻迂回遙遠，他們永遠也領略不到奇異的風情和壯美的景致。他們平平庸庸、清清淡淡地過了一輩子，直到走到人生的盡頭也沒有享受到真正成功的快樂和幸福的滋味。

他們只能在擁擠的人群裡爭食，鬧得薄情寡義也僅僅是為了填飽肚子、穿上褲子、養活孩子。而這，豈不也是一種風險嗎？而且是以整個人生為代價的。所以，生命運動從本質上說就是一次探險，如果不是主動地迎接風險的挑戰，便是被動地等待風險的降臨。所以，康得說，人的心中有一種追求無限和永恆的傾向。這種傾向在理性中的最直觀表現就是冒險。所以，有人把世界看作是上帝安排的一個賭場，把人間看作冒險家的樂園，認為人生就是冒險。

不經過無數次的冒險，人類不可能從茹毛飲血，進化到今日能夠坐在空調房子裡品嘗咖啡的香味。哥白尼的天體運動論，盧瑟福的原子結構模型，新大陸的發現和開墾……皆始於冒險。人類的一系列發現和創造、社會變革，皆始於冒險。

唯有帶著沉重的風險意識，敢於懷疑和打破以往的秩序，透過冒險而取得勝利後，才能享受到人生的最高喜悅。現代人應該強烈追求這種境界而不是安於過一種平平常常、千篇一律的生活。

成功雖是一種目的，但對冒險而言，還不是全部目標，最重要的是：不論事情是成功還是失敗，要敢於自始至終地去奮鬥、去拚搏。

新的生存方式，理想的生存方式就潛伏在現時的平常的生存方式之中，只有具備探險的勇氣才能發現它。在你的身上，本來具備著打破舊的生活格局而迎來新的生活格局的巨大潛能，可是它被現在的平庸作為掩蓋著，只有具備風險意識，無所畏懼，勇於探索和實踐，你的潛能才能發揮出來。完全地展示了自己的才能，實現了自己追求的人，才能領略到人生的最高喜悅和歡愉，所有懦夫，都不可能領略到。

你的才華，你的能力，只有透過冒險，透過克服一道道難關才能鍛鍊和展現出來。而安於現狀不思進取的人、沒有危機感的人、不願參與競爭和拚搏的人，則由於其思想意識的懶散而導致思維呆滯、反應遲鈍。

廉・丹佛說：「勇於冒險求勝，你就能比你想像的做得更多更好。在勇於冒險的過程中，你就能使自己的平淡生活變成激動人心的探險經歷，這種經歷會不斷地向你提出挑戰，不斷地獎賞你，也會不斷地使你恢復活力。」

成功只需要一個條件

幾年前的一天深夜，金拉克從阿拉巴馬的伯明罕驅車前往密西西比的梅地安。第二天一早，他必須趕到梅地安。由於路未修好，金拉克只好把車開進服務站求助。值班人員告訴他一條最佳路線並給他畫了張草圖。值班人員說，只要按他說的走，就確保能提前到達梅地安。

金拉克完全按他的指點開車，但一小時後，金拉克發現離梅地安比他問路時遠了四十五英里。很顯然，這是有人給他指錯了方向。

是不是有類似的事情在你身上也發生過？如果我們自己身無分文，灰心喪氣，我們自己在家庭和事業上都很不順心，相信這肯定不是我們自己願意的。也許正是有人給我們指錯了路，對我們起了消極影響而感到沮喪。

美國某南方城市過去的垃圾場上矗立起了一座富麗堂皇的購物中心。一個多世紀以前，誰也看不出那除了能作垃圾場還能幹什麼。然而大約三十年前一些有遠見卓識的市民看出那兒能建成一個美麗的購物中心。他們立刻停止在那裡傾倒垃圾，並開始清掃過去的垃圾，直到把這塊地方整為平地，在上面建成一個宏大的購物中心。

在許多時候，我們的頭腦中也堆放著一些思想垃圾，但這並沒什麼可怕的，只要我們能清除它，從頭開始，我們就能重獲新生。過去的已經過去，現在你正在為燦爛的明天打基礎。正如一位哲人所說：「無論你身處何境都是自己的選擇。」

大多數人為什麼不成功？應該仔細思考這個問題。許多人都曾經想過它，得到的結論幾乎相同：「條件有限。」

因為條件限制，許多人就這樣認定自己難以改善命運。內心的消極情緒佔了上風，自己選擇了失敗的宿命。他們總認為自己只要有足夠的資金，就可以做得和別人一樣好。這可能是事實，但是，他們本應該積極地去爭取這些足夠的資金。

審視一下你的家庭也許會有幫助，家庭中有沒有成功者？如果有，他就是榜樣，他不會比你的起點更好。如果沒有，其根本原因往往在於：這個家庭從來沒有人產生過追求成功的願望，沒有真正努力過。

縱觀歷史上眾多的成功者，我們就會發現，許多人比我們起步的條件更糟，但他們成功了。原因是他們有成功的願望。林肯認為：「一個人決定實現某種幸福，他就一定會得到這種幸福。」也就是說：成功的條件只有一個，它就是：希望成功，並始終相信自己會成功，永遠不停止地去努力奮鬥！

信心使我們走向成功

有了積極的心態和控制自我的能力，就有了戰勝一切困難取得成功的信心。

什麼叫信心？信心就是因為自己有了信仰從而被這個世界所信任的心理。有了信心，無疑使我們的行動更具有可能性，從而減少了處理事情的難度，一下子就能切中要害，找到目標。

一個喪失了信心的人，連自己的成功也會懷疑，從而喪失了所有的生活意義。這種人是最不可取的，古往今來成大事者都是信心百倍的人。

喬治·康貝爾誕生時就已雙月失明。「他患的是雙眼先天性白內障。」醫生說。喬治的父親望著醫生，不相信他的話。「難道你就束手無策了嗎？手術也無濟於事了嗎？」醫生搖搖頭，「直到現在，我們還沒有聽說過治療這種病的方法。」喬治不能看見東西，但是他的雙親的愛和信心，使他的生活過得很豐富。作為一個小孩，他還不知道失去的東西。

但在喬治六歲時，發生了他所不能理解的一件事。一天下午，他正在和另一個孩子玩耍。那個孩子忘了喬治是瞎子，抛一個球給他：「當心！球要擊中你了！」這個球確是擊中了康貝爾。喬治雖然沒有受傷，但覺得極為迷惑不解。後來他問母親：

「比爾怎麼在我之前先知道我將要發生的事？」他的母親嘆了一口氣，因為她所害怕的事終於發生了，現在她有必要第一次告訴她的兒子：「你是瞎子。」

「喬治，坐下。」她溫柔地說道，同時抓住他的一隻手，「我不可能向你解釋得清楚，你也不可能理解得清楚，但是讓我努力用這種方式來解釋這件事。」她同情地把他的一隻小手握在手中，開始計算手指頭。

「1、2、3、4、5，這些手指頭代表著人的五種感覺。」她說道，同時用她的大拇指和食指順次捏著孩子的每個手指。「這個手指表示聽覺，這個手指表示觸覺，這個手指表示嗅覺，這個手指表示味覺。」然後她猶豫了一下，又繼續說：「這個手指表示視覺。這五種感覺中的每一種都能把資訊傳送到你的大腦。」

她就這樣把那表示視覺的手指彎起來，按住，使它處在喬治的手心裡。「喬治，你和別的孩子不同，」她說，「因為你僅僅用了四種感覺，你並沒有用你的視覺。現在我要給你一樣東西，你站起來。」喬治站起來了。他的母親拾起他的球。「現在，伸出你的手，就像你將抓住這個球。」她說。喬治伸出了他的一雙手，一會兒，手接觸到了球，他就把手指合攏，抓住了球。

「好，好。」他母親說，「我要你絕不忘記你剛才所做的事，喬治，你能用四個而不用五個手指抓住球。如果你由那裡入門，並不斷努力，你也能用四種感覺代替五種感覺抓住豐富而幸福的生活。」喬治的母親用了一個生動的比喻，一種簡單的數字來說明問題，這確是使兩個人的思想交流得最快、最有效的方法之一。

喬治絕不會忘記「用四個手指代替五個手指」的信念，這對他來說就意味著希望。每當他由於生理的障礙而感到沮喪的時候，他就用這個信念作為自己的座右銘，激勵自己。這成了他自我暗示的一種形式，在需要的時候，它會從下意識心理出現到有意識心理。他發覺母親是對的。如果他能應用他所有的四種感覺，他就能抓住完美的生活。但是喬治的故事並未到此結束。

讀高中期間，他病了，進了醫院。當喬治逐漸康復的時候，他父親給他帶來一個喜訊：科學已經發明了先天性白內障的療法。當然，這種療法有失敗的可能，但成功的可能性大大超過了失敗的可能性。喬治渴望能看見，他願為獲得視覺而冒失敗的危險。

在以後的六個月期間，醫師給喬治做了四次精心的外科手術。每只眼睛各做了兩次手術。喬治的眼睛蒙著繃帶，他在陰暗的病房裡躺了好些日子。終於，揭開繃帶的日子到來了。醫生慢慢地、小心地解去纏繞喬治頭部和蓋住喬治眼睛的紗布。他躺在那兒心潮澎湃！過了好一會，他聽到醫師在他的床邊走動，什麼東西放到了他的眼睛上。

「現在你能看得見東西嗎？」醫師向道。喬治從枕頭上稍稍抬起頭，覺得眼前模糊地出現了一個有色彩的形象。「喬治！」一個聲音說。他熟悉這種聲音。這是他母親的聲音。喬治・康貝爾在他十八年的生命中第一次看見了母親。六十二歲的她有著疲倦的眼睛、起了皺紋的臉和飽經風霜的手。

但是，在喬治看來，她是最美麗的。對他說來，她是一個天使。喬治所看到的是多年的辛勞和忍耐，多年的領導和計畫。多年為了要使他的眼睛明亮而表現的摯愛和母性。

直到今日，他還珍惜他第一次所見到的景象：見到他母親的情景。他從這第一次的視覺經歷中就學會了珍惜他的視覺。他說：「我們沒有一個人理解到視力的奇蹟，如果沒有視力我們的生活會多麼困難。」

可見「信心使我們走向成功」，這句話的意義是巨大的。

具備一個贏家的態度

有一個非常著名的實驗，受試者包括三組學生和三組白老鼠。

主持實驗的人告訴第一組的學生：「你們非常幸運，你們將訓練一組聰明的白老鼠，這些白老鼠已經經過智力訓練且非常聰明。」又告訴第二組的學生：「你們的白老鼠是一般的白老鼠，不很聰明，也不太笨。牠們最終將走出迷宮，但不能對牠們有過高的期望。因為牠們僅有一般能力和智力，所以牠們的成績也僅為一般。」最後，他告訴第三組的學生說：「這些白老鼠確實很笨，如果牠們走到了迷宮的終點，也純屬偶然。牠們是名副其實的白癡，自然牠們的成績也將很不理想。」

後來學生們在嚴格的控制條件下進行了為期六周的實驗。結果表明，白老鼠的成績，第一組最好，第二組中等，第三組最差。有趣的是，所有作為受試者的白老鼠實際上都是從一般白老鼠中隨機取樣並隨機分組的。

實驗之初，三組白老鼠在智力上並無顯著差異。那麼為何會產生如此不同的實驗結果呢？顯然是由於實施的三組學生對白老鼠具有不同的態度，從而導致了不同的實驗結果。

簡而言之，由於學生對白老鼠具有不同的偏見，便產生了不同的態度，從而以不同的方式對待牠們。正是由於不同的對待方式，導致了不同的結果。學生們雖不懂白老鼠的語言，但白老鼠卻懂得人對牠的態度，可見態度是一種通用的語言。

像這樣類似的實驗後來又在以學生為對象的實驗中得到證實。該實驗是由兩位水準相當的教師分別給兩組學生教授相同的內容。所不同的是，其中一位教師被告知：「你很幸運，你的學生天資聰穎。然而，值得提醒的是，正因為如此，他們才試圖捉弄你。他們中有的人很懶散，並會要求你少給點家庭作業。別聽他們的話，只要你給他們家庭作業，他們就能完成。你也不必擔心題目太難。如果你幫助他們樹立信心，同時傾注著真誠的愛，他們將可能解決最棘手的問題。」

另一位教師則被告知：「你的學生智力一般，他們既不太聰明也不太笨，他們具有一般的智商和能力。所以我們期待著一般的結果。」

到該學年末期，實驗結果表明，「聰明」組學生比「一般」組學生在學習成績上整整領先了一年。其實在受試中根本沒有所謂「聰明」的學生，兩組被試的全都是一般學生，唯一的區別就在於教師對學生的認知不同，導致了對他們的期望態度也不同，從而以不同的方式對待他們。其中一位教師把這些一般的學生看作是天才兒童，因而就作為天才兒童來施教，並期望他們像天才兒童一樣出色地完成作業。正是這種特殊的對待方式，使得一般學生有了突出的進步。

總之，你對自己的態度決定了你的前途，你想著自己是什麼樣的人，你就會成為什麼樣的人。

一隻小老虎因母虎被殺而被一頭山羊收養。幾個月下來，小老虎喝母山羊的奶，跟小山羊玩，盡力去學做一隻山羊。

過了一陣子，事情一直不對勁，儘管這頭老虎努力去學，牠仍不能變成一隻山羊。牠的樣子不像山羊，牠的氣味不像山羊，牠無法發出山羊的聲音。其他山羊開始怕牠，因為牠玩得太粗魯，而且牠的身體太大。這隻孤兒老虎退縮了，牠覺得受到排斥，覺得自己差勁，不知道自己錯在哪裡。

一天，傳來一聲巨響！山羊四散奔逃，只有小老虎坐在岩石上不動。突然，一頭龐大的東西走進牠所在的空地，牠的顏色是棕色，還有黑色條紋，牠的眼睛炯炯如火。「你在這羊群中做什麼？」那個入侵者問小老虎。

「我是一隻山羊。」小虎說。

「跟我來！」那頭巨獸以一種權威的口吻說。

小老虎嚇得發抖，還是跟著巨獸走入叢林中。最後，它們來到一條大河邊。巨獸低頭喝水。

「過來喝水。」巨獸說。

小老虎也走到河邊喝水，牠在河中看到兩頭一樣的動物，一頭較小，但都是棕色而有黑色條紋。

「那是誰？」小老虎問。

「那是你——真正的你。」

「不，我是一隻山羊！」小老虎抗議道。

突然，巨獸拱起身子來，發出一聲巨吼，使整座叢林為之動搖不已，等聲音停止後，一切都靜悄悄的。

「現在，你也吼一下！」巨獸說。

最初很困難，小老虎張大嘴，但發出的聲音像嗚咽。

「再來！你可以辦到！」巨獸說。

最後，小老虎感到有東西在咽喉咕嚕嚕地響，一直下到它的小腹，逐漸地搖撼牠全身，這時牠再也忍不住了。

「現在！」那頭大斑爛虎說：「你是一頭老虎，不是一隻山羊。」

小老虎開始瞭解牠為何在跟山羊玩時感到不滿意。接連三天，牠在叢林漫步。當牠懷疑自己是老虎時，牠會拱起身子來大吼一聲，牠的吼叫聲雖不及那頭大虎那麼雄壯，但已夠讓牠充滿信心。

我們不妨問自己一些問題：你對現在的自己不滿意嗎？你認為你會成為冠軍嗎？你認為你該在什麼地方發展嗎？如果是這樣的話，你也許該認清你是一頭老虎而不是一隻山羊！也許你現在該大吼一聲，讓自己具備一個贏家的態度！

在現實生活中，無論你何時出門去，請把下巴收進，頭抬高，兩肺充滿。在陽光中酣唱，用微笑歡迎朋友，在每次握手中放入靈魂。

無須害怕被誤解，無須浪費一分鐘去想敵人。設法在你腦中牢牢確定自己要做什麼，然後方向不變就能直達目標。把心思放在想做的堂皇偉業之上，然後隨著時日推移，你會發現自己正掌握了完成自己願望所需的時機。在腦海中描繪出自己渴望做的那個幹練、熱誠而有用的形象，你所抱持的這種想法希望，便會分分秒秒地使你脫胎換骨，化成那一個特別的人。

思想是至高無上的，總要保持著正確的心理態度——勇敢、坦誠、歡愉的態度才好。正確的思考是在創造，一切事物經由欲望而來，而每一個真誠的祈禱都會獲得回應，都會變得像我們所盼望的那樣。

心中充滿自信的人魅力自生

在文學名著《簡愛》中，財大氣粗、性格孤僻的莊園主羅傑斯特，怎麼會愛上地位低下而又其貌不揚的家庭教師簡愛呢？因為簡愛自信自尊，富有人格的魅力。

超強的自信和自尊及由此帶來的鎮靜語氣回答：「你以為我窮，不好看，就沒有感情嗎？……我們的精神是平等的，就如同你和我將經過墳墓，同樣地站在上帝面前。」正是這種自信的氣質，使她獲得了羅傑斯特由衷的敬佩和深深的愛戀。

簡愛這個普通婦女的藝術形象，之所以能夠震撼和感染一代又一代各國讀者的心靈，正是她以自信和自尊為人生的支柱，才使自己的人格魅力得以充分展現。相貌平平者，不必再為自己的貌不驚人而煩惱，因為「一個人越有自信，這個人的性格就越迷人」。增加幾分自信，我們便增加了幾分魅力。

拳王阿里有一個綽號叫「牛皮詩大王」。他每次比賽前都喜歡作詩，以表達自己必勝的自信心。如他經常宣傳的詩句是：

最偉大的拳主，二十年前便已露鋒芒。
我美麗得像一幅圖畫，能把任何人打垮。
他預告哪個回合取勝，就像這是必然的事情。
他把敵人玩弄於掌中，迅如雷，疾如風。

也許正是因為心中充滿了自信，才使得阿里一次次擊敗對手。在世界上，人們可能不知道外國總統是誰，但人人都知道拳王阿里。

英國的布朗說：「處於現今這個時代，如果說『做不到』，你將經常站在失敗的一邊。」學著對自己仁慈些，列出一張自己勝利和成功的清單。當你想到自己已完成的事時，你對能做的事會更有信心。

只有失敗者才會把注意力集中在失敗和缺點上。大多數人所表現出的自信要大過我們所意識到的，我們很早便知道要相信自己。所以，在跨出第一步時，你就相信自己會走；在說出第一句話之前，你就相信自己會說；因為你先相信，所以你會去完成它。

麥克阿瑟在西點軍校入學考試的前一晚相當緊張。他母親對他說：「如果你不緊張，就會考取。你一定要相信自己，否則沒人會相信你。要有自信，要自立。即使你沒通過，但你知道自己已全力以赴了。」放榜後，麥克阿瑟名列第一。

當我們相信自己能做出最好的成績時，你不僅會發現自信提高，而且會發現自信會有助於我們自己的表現。

不要太過自私

我們想要獲得成功的人生，想要打開一生的局面，首先要學會做人，學會在各種人際關係中，讓自己成熟起來，讓自己具備智慧和能力。對任何人來說，如果能在言談舉止中表現出親切與和善，他自身的吸引力就會在不知不覺中大增。

人格優美、性情溫和的人，往往到處能得到他人的歡迎，也能處處得到他人的扶助。有些商人雖然沒有雄厚的資本，卻能吸引很多顧客，他們與那些資本雄厚但缺少吸引力的人相比，事業的進展必定更為顯著。

在社交上，如果你能處處表現出愛人與和善的精神，樂於助人，那麼就能使自己猶如磁石一般，吸引眾多的朋友。而一個只肯為自己打算的人，必然到處受人鄙棄，這樣的人也往往失道寡助。慷慨與寬宏大量，也是我們獲得朋友的要素。一個寬容大度的慷慨者，常能贏得人心。

在社交上，善於交往的人總是樂於說出他人愛聽的話，在談話和做事的過程中，樂於讚揚他人的長處，而不去暴露他人的短處。那種習慣輕視他人、喜歡尋找他人缺點的人，是不可信賴的，也不值得交結。

輕視與嫉妒他人往往是一個人心胸狹窄、思想不健全的表現，也是一個人思想淺薄與狹隘的表現。這種人非但不能認識他人的長處，更不能發現自己的短處。而有著健全的思想、對人寬宏大量的人，非但能夠認識他人的長處，更能發現自己的短處。

吸引他人最好的方法，就是要使我們自己對他人的事情很關心、很感興趣。但我們也不必做作，必須真誠地對別人關心、對別人感興趣，才有可能贏得人們的尊重和歡迎。好多人之所以不能吸引他人，是因為他們的心靈與外界隔絕，他們專注於自己。與外界隔絕，久而久之，便足以使自己陷於孤獨的境地。

有這麼一個人，幾乎人人都不歡迎他，但他不知道是什麼原因。即使他參加一個公眾聚會，人人見了他都退避三舍。所以，當別人互相寒暄談笑、其樂融融之時，他也只能一個人獨處在屋中的一個角落。即使偶然被人家注意，片刻之後，他也依舊孤獨地坐在一邊。這類人好似冰塊一樣，好似失去了吸引力的磁石。

這個人之所以不受歡迎，但他自己看來乃是一個謎，他具有很大的才能，又是個勤勉努力的人。他在每天工作完畢以後，也喜歡混在同伴中尋快樂。但他往往只顧到自己的樂趣，常常給人以難堪，所以很多人一看到他，就避而遠之。

其實，他不受歡迎最關鍵的原因在於他的自私心理，自私乃是他不贏得人心的主要障礙。他只想到自己而不顧及他人，每當與別人談話，他總是要把談話的中心，集中在自身或自己的業務上。

寬容大度的人總是受到人們的歡迎。如果一個人只顧自己，只為自己打算，那麼就沒有吸引他人的磁力，就會讓人對他感到厭惡，於是沒有一個人喜歡與他結交往來。

一個人只有真正對他人感興趣，樂於關心和幫助他人，才會有吸引他人的力量。而且對他人吸引力的大小，與對他人所感興趣的程度成正比。怎樣才能對他人感興趣呢？主要是能夠設身處地的為他人著想，能夠推己及人，給他人以深切的同情。

其實，人生最大的目標，並不應該只在於謀生賺錢，更要把我們內在的力量、我們的美德發揚出來。這樣，我們就自然會具有吸引他人的力量。

一個人要真正吸引他人，應該具有種種良好的德行，自私、卑鄙、嫉妒都根本不能贏得人心。非但不能贏得人心，還會處處不受人歡迎。窮苦的青年男女們剛剛跨入社會的時候，往往容易羨慕那些家財萬貫、無須為生計發愁的富家子弟。其實，那些富家子弟有什麼值得羨慕？只要在自己身上培養磁石般的吸引力，心胸開闊，氣量大度，寬容別人的缺點、學習別人的優點，就必定能夠立身社會。這種卓越品性所具有的力量，遠遠超過金錢的力量！

有信念的人永遠不會倒下

信念在人的精神世界裡是個聖殿中的支柱，沒有它，一個人的精神大廈就極有可能坍塌。信念是力量的源泉，是勝利的基石。據說有一年，一片茫茫無垠的沙漠上，有一支探險隊在那裡負重跋涉。

陽光酷烈，乾燥的風沙漫天飛舞，而口渴如焚的探險隊隊員們沒有了水。水是隊員們穿越沙漠的信心，甚至是苦苦搜尋的求生目標。這時候，探險隊的隊長從腰間拿出一只水壺，說：「這裡還有一壺水。但穿越沙漠前，誰也不能喝。」

那水壺從探險隊員們手裡依次傳遞開來，沉沉的。一種充滿生機的幸福和喜悅在每個隊員瀕臨絕望的臉上彌漫開來……

終於，隊員們一步步掙脫了死亡線，頑強地穿越了茫茫沙漠。他們喜極而泣的時候，突然想到了那壺給了他們信念的水。擰開壺蓋汩汩流出的卻是滿滿的一壺沙。在沙漠裡，乾枯的沙子有時候可以是清冽的水——只要你的心裡擁有信念的清泉。

「這個世界上，沒有人能夠使你倒下。如果你自己的信念還站立的話。」這是著名的黑人領袖馬丁・路德・金的名言。

縱觀在事業上有成就的人，在他們奮鬥中都是信念堅定，堅信自己會成功。巴甫洛夫曾宣稱：「如果我堅持什麼，就是用炮也不能打倒我。」高爾基指出：「只有滿懷信念的人，才能在任何地方都把信念沉浸在生活中並實現自己的意志。」

高高舉起信念之旗的人，對一切艱難困苦都無所畏懼。相反，信念之旗倒下了，人的精神也就垮了下來。而那些從來就不曾擁有過信念的人對一切都會畏首畏尾，在漫長的人生旅途中抬不起頭，挺不起胸，邁不開步，整天渾渾噩噩，迷迷糊糊，看不到光明，因而也感受不到人生的幸福和快樂。

信念來自精神上對成功的追求，又對成功起著極大的推動作用。信念可以排除恐懼、不安等消極因素的干擾，使人在積極肯定的心理支配下，產生力量，這種力量能推動我們去思考、去創造、去行動，從而完成我們的使命，實現我們的心願。

面對充滿誘惑和多變的世界，面對許多不確定的因素，有信念的人，能堅守自己的理想和目標而不動搖，從而按自己的心願，以自己的方式走向成功和卓越。

信念產生信心。信心可以感染別人，一方面激發別人對你的信心，另一方面使更多的人感染到信心。這樣容易贏得他人的好感，具有良好的人緣。而人緣好，機會就多，這樣成功就會變得更加容易。

成功學家希爾說：「有方向感的信念，令我們每一個意念都充滿力量。」美國前總統雷根說：「創業者若抱著無比的信念，就可以締造一個美好的未來。」所以，要想讓人生過得更好，就必須將信念之旗高高舉起。

積極地去面對眼前的挫折

凡是成功者，都應當是用積極心態去做自己事情的人。其實成為積極或消極的人，全在於我們自己的抉擇。沒有人與生俱來就會表現出好的態度或不好的態度，一切都是我們自己決定要以何種態度看待你的環境和人生。即使面臨各種困境，我們仍然可以選擇用積極的態度去面對眼前的挫折。

如果一個人以積極的心態面對現實，並且相信成功是你的權利的話，你的信心就會使你成就所有你所制訂的明確目標。但是如果你接受了消極心態，並且滿腦子想的都是恐懼和挫折的話，那麼你所得到的只是恐懼和失敗而已。

如果你可以在不能得到立即回報的情形下，以一種願意而且愉快的態度提供更多服務，就是在培養你積極且愉悅的心態，而這正是培養引人注目個性的基礎。

當你培養出吸引人的個性時，幾乎所有的人都會願意依照你的意願為你工作。所以說培養吸引人的個性，是一件很有價值的事情。你希望別人如何對待你，就以相同的態度對待對方；多多動用「己所不欲，勿施於人」的金科玉律，如果對方沒有立即給你回報，你應該再接再厲。

要不斷發掘自己的積極因素，要堅持對自己說：「別人知道我是可以信賴的。」、「我有勇氣！」、「我是個靠得住的人。」、「我很願意使別人高興。」有些很小的事，也許你覺得沒有多大意思，也要列舉出來。把消極作用的談吐模式徹底破除掉，然後你便能夠積極一些。

亞伯拉罕‧林肯說過：「人下決心想要愉快到什麼程度，它大致上也就愉快到什麼程度。你能夠決定自己頭腦中想些什麼，你就能控制著自己的思想。」美國加州洛杉磯大學的知名籃球教練約翰·伍頓曾經說過：「那些懂得好好順應事情走向並坦然面對它的人，終有善果。」

人生的美麗在於人情的美好，人情的美好在於人性的美麗，人性的美麗在於人的令人愉快的個性。要將他人吸引到你自己身邊，你首先要學會微笑，學會與人相處，善於接受別人的觀點，求同存異，你要知道想使別人寬宏大量，你自己首先必須寬宏大量。

保持一顆積極、樂觀的心，儘量發覺你周圍的人、事最好的一面，從中尋求積極的看法，讓你能有向前走的力量。即使終究還是失敗了，也能吸取教訓，運用於未來的人生中。把這次的經驗視為向目標前進的踏腳石。

很顯然的，選擇用積極的態度去面對眼前的挫折是非常有必要的。只有這樣，我們才能心想事成，才能達到事業的巔峰。

積極使懦夫變成英雄

毫無疑問，缺乏積極心態的人，是很難做成任何大事情的；相反，一個具有積極心態的人絕不是一個懦夫，因為他相信自己，相信生命，相信人類。他瞭解自己的能力，面對困境一點也不畏懼，且能永遠立於不敗之地。他會從所發生的一切事情中掌握對自己最有利的結果。他所堅持的原則是，不斷地將弱點轉化為力量。

積極能使一個懦夫成為英雄，從心志柔弱變成意志堅強，由軟弱、消極、優柔寡斷的人變成積極向上的人。你肯定不願成為一個懦夫，但是當你遇到困境時，也許你會提心吊膽起來，心想：「唉，我要是能逃離這裡該多好呀！」有這種心理的人就是一個典型的懦夫。

如果你保持積極的心態，掌握了自己的思想，並引導它為你明確的生活目標服務的話，你就能享受到成功良好的結果，相反，如果你抱持一種消極的心態，而且使之滲透到你的思想之中，以致影響你的工作和生活，你將會嘗到失敗的後果。

美國著名心理學家威廉・詹姆斯說過：「世界由兩類人組成：一類是意志堅強的人，另一類是心虛薄弱的人。後者面臨困難挫折時總是逃避，畏縮不前；面對批評，他們極易受到傷害，進而灰心喪氣，等待他們的也只有痛苦和失敗，但意志堅強的人不會這樣。他們來自各行各業，有體力勞動者，有商人，有母親，有父親，有教師，有老人，也有年輕人，然而內心中都有股與生俱來的堅強特質。所謂堅強的特質，是指在面對一切困難時，仍有內在勇氣承擔外來的考驗。」

既然如此，那麼你是選擇積極的還是消極的心態？如果你不選擇前者，並且緊緊地抓住它，那麼後者就會被迫自動送上門來，它們兩者之間沒有任何折中和妥協。因此，你必須在兩者中選擇其一。

也許有人會反駁說：「事實果真如此嗎？我一生中就碰到過許多困難與挫折，每當這些時候，我也讀過不少積極心態的書，可是仍解決不了問題。」也許還有人會說：「是的，我也認為那一套沒用。我的事業正陷入低潮，我也試過積極心態這一招，但我的生意依舊毫無起色。積極心態無法改變事實，要不然我怎麼還會遇到失敗呢？」

如果你也如此認為，如果你也對積極心態的力量持一種否定與排斥的想法，那說明你並不完全真正瞭解積極心態力量的本質；一個有積極心態的人並不否認消極因素的存在，他只是能夠不讓自己沉溺其中。積極心態要求你在生活的一時一事中抱有積極的思想，積極心態是一種思維模式，它使我們在面臨惡劣的情形時仍能尋求最好的、最有利的結果。換句話說，在追求某種目標時，即使舉步維艱，仍有所指望。事實也證明，當你往好的一面看時，你便有可能獲得成功。積極心態是一種深思熟慮的過程，也是一種主觀的選擇。

紐約附近有一個小鎮，鎮上有一位名叫吉姆的男孩，他十分可愛，也是位真正的男子漢，一個真正意志堅強的人。他是個天生頂尖的運動好手。不過在他剛入中學不久腿就瘸了，後來，腿病迅速惡化為癌症。醫生告訴他必須動手術，後來他的一條腿便被切掉了。出院後，他拄著拐杖返回學校，高興地告訴朋友們，說他將會安上一條木頭做的腿：「到時候，我便可以用圖釘將襪子釘在腿上，你們誰都做不到。」

足球賽季一開始，吉姆立刻回去找教練，問他自己是否可以當球隊的管理員。在練球的幾星期中，他每天都準時到球場，並帶著教練訓練攻守的沙盤模型。他的勇氣和毅力迅速感染了全體隊員。有一天下午他沒來參加訓練，教練非常著急。後來才知道他又進醫院做檢查了，並得知吉姆的病情已惡化為肺癌。醫生說：「吉姆只能活六周了。」

吉姆的父母決定先不將此事告訴他。他們希望在吉姆生命的最後時期，能儘量讓他過正常日子。所以，吉姆又回到球場上，帶著滿臉笑容來看其他隊員練球，給其他隊員加油鼓勵。因為他的鼓勵，球隊在整個賽季中保持了全勝的紀錄。為慶祝勝利，他們決定舉行慶功宴，準備送一個全體球員簽名的足球給吉姆。但是餐會並不圓滿，吉姆因身體太虛弱沒能來參加。

幾周後，吉姆又回來了。他這次是來看籃球賽的。他臉色十分蒼白，除此之外，仍是老樣子，依舊滿臉笑容，和朋友們有說有笑。比賽結束後，他到教練的辦公室，整個足球隊的隊員都在那裡。教練還輕聲責問他：「你怎麼沒有來參加餐會？」

「教練，你不知道我正在節食嗎？」他的笑容掩蓋了臉上的蒼白。

其中一位隊員拿出要送他的勝利足球，說道：「吉姆，都是因為你，我們才能獲勝。」吉姆含著眼淚，輕聲道謝。教練、吉姆和其他隊員談到下個賽季的計畫，然後大家互相道別。吉姆走到門口，以堅定冷靜的目光回頭看著教練說：「再見，教練！」

「你的意思是說，我們明天見，對不對？」教練問。

吉姆的眼睛亮了起來，堅定的目光化為一種微笑。「別替我擔心，我沒事！」說完這句話，他便離開了。兩天後，吉姆離開了人世。

原來吉姆早就知道自己將不久於人世，但他卻能坦然接受。這說明他是一個意志堅強、積極思考的人。他將悲慘的事實轉化為富有創意的生活體驗。

或許，有人會說，他還是死了，積極思想最終也未能幫他多少忙，這並不完全對。至少吉姆知道憑藉信仰的力量，在最壞的環境中創造出令人振奮而溫暖的感覺。他不像鴕鳥那樣將頭埋進沙堆，逃避事實。他完全接受了命運，但決定不讓自己被病痛擊倒，他從未被擊倒過。雖然他的生命如此短暫，他仍舊盡力把握它，把勇氣、信仰與歡笑永遠留在他所認識的人們心中。一個能做到這一點的人，你還能說他的一生是失敗嗎？

這就是積極心態的力量，這便是意志堅強，這便是拒絕被打敗，這也就是盡我們一生所有去做自己的事，我們人生的美麗就在這裡。

持之以恆地鍛鍊身體

生活是一個完美和諧的整體，才是我們真正想要的生活。任何不和諧的東西——虛弱的身體、疾病以及不健康的心理心態等都是不正常的，都不是生活的必要的組成部分。要想獲得健康、幸福和成功，我們必須要有健康的身體，而通向真正幸福和財富的路也只有這麼一條。

一個人就像一個鬧鐘，如果得到正確的保護，將會走得很準而且能用一個世紀。但是如果不注意保護，隨便濫用的話，它將很快失去正常的秩序，越來越疲勞，即使是正常的壽命也將會被大大的縮短。

1、怎樣鍛鍊身體

常言道，身體乃人生的本錢。我們想得到幸福人生，必須鍛鍊身體。班尼斯特曾經在一九五四年五月六日第一次打破四分鐘跑一英里的世界紀錄，實現了體育界長期以來所尋求的夢想。

他的心臟比平常人大二十五%，但他身體的另一些部分的發育就不及一般人。於是他開始鍛鍊身體的每個部分，同時，他還透過爬山去訓練他的心理，培養他克服困難的意志。更重要的是，他學會了把一個人的大目標分解為若干個小目標。

他在訓練中先是衝刺第一個四分之一英里，然後就繞著跑道慢跑，作為休息。接著他再衝刺另一個四分之一英里。他的目標是以五十八秒鐘或更少的時間跑完四分之一英里。他總是跑到極限，而每次，他都在加大訓練極限。終於，他用了三分五十九秒六的成績打破了一英里長跑的世界紀錄，並為其他一英里長跑運動員開拓能取得新成就的道路。

我們在日常鍛鍊中當然可以不必像職業運動員那樣強烈的訓練，但遵循的法則都是一樣的。鍛鍊全身，不可以僅僅鍛鍊一部分身體，全身是一個整體，身體機能是相互協調的，僅僅是一方面的優異反而可能帶來整體不協調，出現問題。

不停地為自己製造極限。然後不斷地達到並超越它，這是鍛鍊意志力的重要方法。成功在大部分時候就是來源於意志力，一個人身體內的能量是巨大的，但如果我們不積極地去使用，則可能浪費掉。澳洲的唐恩•福萊芝給了我們一個極好的例證。

福萊芝生不逢時，命運多桀，她誕生於爾曼郊區的水邊，一直患有貧血。但是她下了一個特大的決心，要成為一位偉大的游泳冠軍選手。後來她果然成了世界上最著名的女游泳運動員之一。她就是在不停地鍛鍊身體的同時，增強心理訓練。她一直在讓自己對於每一次游泳都要盡全力，不斷地超越自我。她對自己的理想抱著絕對的信念，每時每刻告訴自己，一定能成功的。

身體健康，是人生奮鬥的基礎。請你鍛鍊身體吧，為了不做一個在墳墓裡最富有的人。

2、善待自己的身體

如果把青年時期比喻為早晨八九點鐘的太陽，那麼中年時期就可比喻為如日中天。不少中年人自認為體魄強健、精力充沛，對於養生保健漠不關心。有人甚至說到老年時再養生保健亦不為晚。其實，此言差矣。

人到中年確是一生中的鼎盛時期。但也正是在這一時期，人體已步人衰退的前期，只是自己尚未覺察而已。研究者提出，女子抗衰老，三十六歲是關鍵。因為女性在這個年齡段體內雌激素的含量開始下降，而雌激素正是女性風采的關鍵，一旦降低，肌肉的彈性和皮膚的光澤都要受到影響。美國保健專家約翰‧萊斯博士則指出：男性年過四十，易患糖尿病、高血壓等心腦血管病。如果在這個年齡段不加以注意，很可能享受不到奮鬥的成果。

中年朋友們只有高度重視自我保健，才能達到「再振根基」目的。現在，社會各界都對中年朋友，提出了自我保健的警告。

重視自我保健正如將平時不用的剩餘金錢儲蓄起來一樣，日積月累，便能擁有健康這個人生第一財富。不重視自我保健，猶如一個敗家子，只知消費，不知積蓄，到頭來便成為一無所有的窮光蛋。要想為社會、為國家多做貢獻，成為一個有用的棟樑之才，就應當提高自我保健意識，努力使自己體魄健全、精力充沛。

如何保健呢？養成良好的生活習慣，起居有常；注意營養合理，講究膳食平衡；善於調攝情志，預防疾病；經常參加體育鍛鍊、增強體質。這些方法一般是可行的。

3、如何能健康長壽

事業的成功，常常和健康長壽相輔相成。美國石油大王洛克菲勒，就是億萬富翁的企業家，又是健康長壽的佼佼者，他活了九十七歲。發明大王愛迪生活了八十四歲，鋼鐵大王卡內基八十四歲，日本企業鉅子松下幸之助九十多歲，美國成功學專家拿破崙・希爾八十七歲……這些人是怎樣做到事業成功又健康長壽的呢？

首先要有積極的心態。積極的心態會促進你的心理健康和身體健康、延長壽命。而消極的心態一定會逐漸破壞你的心理健康和身體健康，縮短你的壽命。有些人由於適當地運用了積極的心態，拯救了許多人的生命；這些人之所以得救，就是因為接近他們的人具有強烈的積極心態。

有一位老伯在病得很厲害的時候，兒子們都以為他不行了，並為他準備了後事。但是，這位老伯對著忙碌的兒子們說：「你們放心吧，不用再忙碌了，我會沒事的。」後來這位老伯真的好起來了，並且又活了幾年。這是什麼原因呢？這位老伯的病是裝出來的嗎？當然不是，那是因為他有著積極的心態，是他自己給了他繼續生存下去的機會。

洛克菲勒退休後，他確定的主要目標就是保持健康的身體和心理，爭取長壽，贏得同胞的尊敬。他達到這個目標的綱領是這樣的：

第一，每星期日去參加禮拜，記下所學到的原則，供每天應用。

第二，每晚睡八小時，每天午睡片刻。適當休息，避免有害的疲勞。

第三，每天洗一次盆浴或淋浴，保持乾淨和整潔。

第四，移居佛羅里達州，那裡的氣候有益於健康和長壽。

第五，過有規律的生活。每天到產外從事喜愛的運動——打高爾夫球；吸收新鮮空氣和陽光；定期享受室內的運動、讀書和其他有益的活動。

第六，飲食有節制，細嚼慢嚥。不吃太熱或太冷的食物，以免燙傷或凍壞胃壁。

第七，汲取心理和精神的維生素。在每次進餐時，都說文雅的語言，並同家人、秘書、客人一起讀勵志的書。

第八，雇用畢格醫生為私人醫生。（他使得洛克菲勒身體健康、精神愉快、性格活躍、愉快地活到九十七歲高齡。）

第九，把自己的一部分財產分給需要的人共用。

洛克菲勒透過向慈善機構的捐獻，把幸福和健康送給了許多人，在他贏得了聲譽的同時，他自己也得到了幸福和健康。

你應當認識到積極的心態會吸引成功，然後才能得到成功。但是，在使用積極的心態時不要忽略了你的健康。

衛生同樣對身體的健康有很大的影響。懂得衛生中很關鍵的一點就是要有正確的飲食之道。從飲食中攝取養分，增強身體要有正確的飲食觀。人們只有在生活中注意飲食方法及飲食宜忌的規律，並根據自身的需要，選擇適當的食物進行補養，才能有效地發揮並維持生命活力，提高新陳代謝的能力，保持身心健康。具體地說，飲食具有補充營養、預防疾病、延緩衰老的作用。

飲食要節制，不能隨心所欲，要講究吃的科學和方法。飲食過量，勢必加重胃腸負擔，使食物滯留於腸胃，不能及時消化，就影響了營養的吸收和輸運，脾胃功能也會因承受過重而受到損傷。擁有積極的心態，注意飲食衛生，你就能夠健康長壽。

第3章 寬容之心面對人生

心態和意志力無疑是一個強者和一個弱者的分水嶺，而以寬容之心面對人生就是一種高級的人生藝術，是古往今來成功人士的真正生存絕招。

寬恕是超凡的行為

古時候，人們想殺一頭熊，就會在一碗蜂蜜的上方吊上一根沉重的木頭。熊想吃蜂蜜時，必須先推開木頭，而木頭又會蕩回來撞擊熊。熊生氣的更用力推開木頭，而木頭也更猛烈地撞擊它。就這樣不斷重複，直到木頭撞死那頭熊為止。

當人們以怨報怨時，便是在做同樣的事。人難道不能比熊聰明些嗎？

以仁慈對待別人的惡毒相向，這樣就能破壞惡人做壞事所獲得的樂趣。對於世上一些不明事理、甚至是非不辨的人，我們只能替他們感到惋惜，不應該去取笑他們，或是責備他們。如果你真的有心去幫助他們的話，應該多去關懷他們，當然，如果可能的話，也可以透過與他們面對面的交談，為他們引出一個正確的思考方法來。這樣才是正確的做法，絕對不可以故意去取笑或責備對方。

人都是按照各自的想法去行動的，而且每個人也希望每一件事都能按照自己的意願去實行。但是，如果認為每一件事都非得照著自己的想法去進行不可的話，這樣的人就不僅是一個性情固執的人，而且也可以稱之為傲慢的人。

每一個人都會認為自己是最正確的，但是，到底誰才是最正確的，這個問題不能單由自己之觀點來評斷。所以，如果因為和自己想法不同，就認為對方是傻瓜；因為和自己的追求不同，就認為對方是一個不可救藥之人，甚至加以迫害，這樣的做法實在教人不敢苟同。

其實，每一個人都有權按照自己的思考去行動，每個人都應該懷著自己的追求，這是無可指責的，這也是一個正常社會的標準。

一位宗教家曾經寫過這麼一段話：「很少人會以衡量自己的天平，來衡量別人。」我們自己的過失和別人的過失相比，似乎算不了什麼。當我們做了一件令自己覺得羞愧的事，使自我感到一文不值時，我們總會找到一個藉口——責備自己的良心。我們會說：「我的良心在折磨我。」然後我們很快就寬恕了自己。但當別人犯了錯誤或表示憤恨時，我們是多麼快地把他貶得一文不值。更可笑的是，我們抓住了別人的一次謊言，而忘了自己曾經說過無數次的謊言。

要具備做人的資格，必須記住每一個人都會犯錯，我們是善良與邪惡、成功與失敗、信心與失望、友情與孤獨、勇氣與恐懼的混合體。人之所以相同，在於他們一生中有偉大的時候，也有渺小的時候，因時而異；唯有藉由寬恕，我們才能發現，在我們一生當中，偉大的一面佔了絕大部分的時光。

當你被疑慮與缺乏自信所征服，被侵略與恐懼所征服，你就受到了壓力。你要抨擊他人時，不妨先自問：「要是我在他的處境之下，我會怎麼做？」如果必要的話，為你自己的權益而戰，但是不要為仇恨、報復而戰。

在現實生活中，我們都迫切地需要友情，而友情發射的第一道光和熱，是在你失去理性時，猶能自問：「要是我在他的處境，我會怎麼做？」

最重要的是，你對自己也一定要退一步設身處地地想，不要因為一個錯誤而苛責自己，不要因此而成為一個流離失所者。在這種時刻，對著鏡子捫心自問：「我會對自己最好的朋友這樣做嗎？」所以，我們只有學會了寬恕，才能夠成功地生活。

1、原諒別人

要以赤子之心待人——寬恕是不能分期付款的；「我今天喜歡你，但是明天就難說——這種態度不是寬恕之道了。」

2、原諒自己

這又是一項困難的工作，但是你能做到。原諒昨天的錯誤，養成充實今天生活的習慣。犯錯可能是人類的失敗，但寬恕卻是人類的成就。莎士比亞說：「寬恕是超凡的行為。」事實上，誰又要求你做一個超人呢?讓你自己做一個充實的凡人就夠了。

3、策勵自己

想要模仿別人，只能使自己居於次席。記住，不經壓力，你無法成為偉人。你每天的自我形象，都應該有所進步，這一點你倒可以做到。

4、發掘自己

如果你每天都以失敗感來折磨自己，就成了自己的大敵；如果你每天都充滿著信心，就可以儘量發揮你的長處。在這兩種選擇之間，你應該作明智的決定。

記住，我們必須忘掉昨天。只要你能朝著當前的目標奮力不懈，就可以做到。我們對當前的目標下的工夫愈多，就愈沒有時間回憶昨天的憂愁與痛楚了。

寬容是與人交往的潤滑劑

在人類的心靈中，寬容不但是做人的美德，也是一種明智的處世原則，是人與人交往的潤滑劑。常有一些所謂的厄運，只是因為對他人一時的狹隘和刻薄，而在自己的前進路上自設一塊絆腳石罷了；而一些所謂的幸運，也是因為無意中對他人一時的恩惠和幫助，而拓寬了自己的道路。

寬容猶如冬日正午的陽光，融化了別人心田的冰雪變成潺潺細流。一個不懂得寬容別人的人，會顯得愚蠢，大概也會蒼老得快；一個不懂得對自己寬容的人，會為把生命的弦繃得太緊而傷痕累累，抑或斷裂。

一步路，這樣的人最終也會無路可走。倘若一味地逞強好勝而不肯接受別人的一絲見解，這樣的人最終會陷入世俗的河流中而無以向前；倘若一再地求全責備而不肯寬容別人的一點瑕疵，這樣的人最終宛如凌空在太高的山頂一樣，會因缺氧而窒息。

曾有位思想家把人比喻為會思想的蘆葦，因為弱小易變，因而情緒的波動，隨時都在改變對事物的正確瞭解。人非聖賢，就是聖賢也有一時之失，我們何以不能寬容自己和別人的失誤？

寬容並不意味對惡人橫行的遷就和退讓，也非對自私自利的鼓勵和縱容。誰都可能遇到情勢所迫的無奈，無可避免的失誤，考慮欠妥的差錯。所謂寬容就是以善意去寬待有著各種缺點的人們。因其寬廣而容納了狹隘，因其寬廣顯得大度而感人。

在日常生活中，當自己的利益和別人利益發生衝突，友誼和利益不可兼得時，首先要考慮捨利取義，寧願自己吃一點虧。

鄭板橋曾說過：「吃虧是福。」這絕不是阿Q式的精神自慰，而是一生閱歷的高度概括和總結。

《菜根譚》中講：「路徑窄處留一步，與人行；滋味濃時減三分，讓人嗜。此是涉世一極樂法。」可謂深得處世的奧妙。

有這麼一個女人，總喋喋不休地向人們訴說鄰居家的污穢不堪。有一回，她故意地將一位朋友領到家裡，指著窗外說：「您看那家繩上晾的衣服多髒！」可那位朋友卻悄悄地對她說：「如果你看仔細點兒，我想你能弄明白，髒的不是人家的衣服，而是你自家的窗子。」

其實，我們在同一個藍天下生活，為什麼不學著去寬厚地待人，而是去輕易地指責呢？即使髒的真是鄰家的衣服，我們為什麼不能表示理解和容忍呢？要知道，這樣做不會給我們造成任何損失。努力去愛我們不喜歡的人就是一種不可缺少的寬容。

卡內基說：「如果一般說來你不喜歡人們，有個簡單的方法可以教化這種特性：尋找別人的優點，你一定會找到一些的。」釋迦牟尼說：「以愛對恨，恨自然消失。」試著去愛你不喜歡的人吧，最後你們也會喜歡儘量寬恕和諒解別人。

可是，在現實生活中，有一種人脾氣粗野狂暴，不管什麼事總是都搞得像滔天大罪那樣不可饒恕。他們會這樣做並不是出於一時的狂怒，而是源於他們自己的秉性。

他們譴責每一個人，要麼為這個人做過的某件事，要麼為他將做的某件事。這暴露出一種比殘忍還要可惡的性情，這種性情才真是糟糕透頂，他們也把自己的人生搞得一塌糊塗，而且是如此誇張地非難別人以致於他們能把別人原本是芝麻大小的一個問題渲染得像西瓜那樣大，並借此將其全盤否定。他們是不通人情的工頭，能把天堂蹧蹋成牢房。盛怒之下，他們把一切都推到極端。性情好的人能夠原諒一切過失，他們會堅持說別人的本意是好的，或者只是一時不小心才犯下錯誤。其實，儘量寬容和諒解他人才真是一種做人藝術。

讓人一步天地寬

一位住在山中茅屋修行的禪師，有一天趁夜色到林中散步，在皎潔的月光下，他突然開悟了。他走回住處，眼見到自己的茅屋遭到小偷光顧，找不到任何財物的小偷要離開的時候在門口遇見了禪師。原來，禪師怕驚動小偷，一直站在門口等待，他知道小偷一定找不到任何值錢的東西，早就把自己的外衣脫掉拿在手上。

小偷遇見禪師，正感到錯愕的時候，禪師說：「你走老遠的山路來探望我，總不能讓你空手而回呀！夜涼了，你帶著這件衣服走吧！」說著，就把衣服披在小偷身上，小偷不知所措，低著頭溜走了。禪師看著小偷的背影穿過明亮的月光，消失在山林之中，不禁感慨地說：「可憐的人呀！但願我能送一輪明月給他。」禪師目送小偷走了以後，回到茅屋赤身打坐，他看著窗外的明月，進入空境。

第二天，在陽光溫暖地撫觸下，他從極深的禪室裡睜開眼睛，看到他披在小偷身上的外衣被整齊地疊好，放在門口。禪師非常高興，喃喃地說：「我終於送了他一輪明月！」這就是人心受到感召的力量和改變。

一八六三年一月八日，恩格斯懷著十分悲痛的心情，把妻子病逝的消息，寫信告訴馬克思。過了兩天，他收到了馬克思的回信。信的開頭寫道：「關於瑪麗的噩耗使我感到極為意外，也極為震驚。」接著，筆鋒一轉，就說自己陷於怎樣的困境。往後，也沒有什麼安慰的話。「太不像話了！這麼冷冰冰的態度，哪像二十年的老朋友！」恩格斯看完信，越想越生氣。過了幾天，他給馬克思寫了一封信過去，發了一肚子火，最後乾脆寫上：「那就隨便吧！」

就這樣，他們將近二十年的友誼發生裂痕。看了恩格斯的信，馬克思的心裡像壓了一塊大石頭那樣沉重。他感到自己寫那封信是個大錯，而現在又不是馬上能解釋得清楚的時候。過了十天，他想老朋友冷靜一些了，就寫信認了錯，解釋了情況，表白了自己的心情。坦率和真誠，使友誼的裂痕彌合了，疙瘩解開了。恩格斯在接到馬克思來信之後，以歡快的心情立即回了信。他在信中說：「你最近的這封信已經把前一封信所留下的印象清除了，而且我感到高興的是，我沒有在失去瑪麗的同時，再失去自己最老的和最好的朋友。」

林則徐有一句名言：「海納百川，有容乃大。」與人相處，有一分退讓，就受一分益；吃一分虧，就積一分福。相反，存一分驕，就多一分屈辱；占一分便宜，就招一次災禍。

一個人，對於事業上的失敗，能自認這方面的錯誤，就能讓人感德；在成就時，能讓功於他人，就能讓人感恩。老子說：「事業成功了而不能居功。」不僅讓功要這樣，對待善也要讓善，對待得也要讓得。凡是壞處就歸於自己，好處都歸於他人。他人得到名，我得他這個人；他人得到利，我得到他這個心。二者之間，輕重怎樣？明眼人一看，就知道分寸了。

讓人為上，吃虧是福。所以曾國藩說：「敬以持躬，讓以待。敬就要小心翼翼，事情不分大小，都不敢忽視。讓，就什麼事都留有餘地，有功不獨居，有錯不推諉，念念不忘這兩句話，就能長期履行大任，福祚無量。」

現實生活中，人們之間的相處，不能沒有交往。有交往，就必須有個準則，使大家共同遵守，才不致於亂了分寸，這就是對待人的道理。對待人的道理，最高的準則，就在於儒家所提倡的：「一切在於求取最完美、最高尚的道德。」能有所追求，一方面在心中有所持守，另一方面在執行時有所遵循。這就是準則，也有人稱為規範。

有時我們如果以寬容的心境和幽默的態度對待他人有意或無意施加的羞辱和難堪，往往可以從消極的情緒中解脫出來，免得事態惡性發展。

當我們心胸開朗、神情自若時，對於那些蠅營狗苟、一副小家子氣的人，就會覺得他們表演得實在可笑。但是，凡人都有自尊心，有的人自尊心特別強烈和敏感，因而也特別脆弱，稍有刺激就有反應，輕則板起臉孔，重則馬上反擊，結果常常是爭了面子沒面子。

善於自嘲的人心裡就踏實得多，自尊心不會輕易受到傷害。你說我傻瓜，我說謝謝你的讚譽，你還能說什麼呢？自嘲不是一種自貶或怯弱，而是一種瀟灑的自尊，大度的情懷。

蘇東坡的《河豚魚說》記錄了這樣一個故事。南方的河裡有一條豚魚，游到一座橋下，撞到了橋柱上。它不怪自己不小心，也不想繞過橋柱，反而生起氣來，認為是橋柱撞了自己。它氣得張開嘴，豎起頷旁的鰭，脹起肚子，漂在水面上，很長時間一動也不動。飛過的老鷹看見它，一把抓了起來，把它的肚子撕裂。這條豚魚就這樣成了老鷹的食物。

蘇東坡就此發議論說：世上有在不應該發怒的時候發怒，結果遭到了不幸的人，就像這條河豚魚，「因游而觸物，不知罪己。」不去改正自己的錯誤，卻「妄肆其仇，至於磔腹而死」，真是可悲！

要勇於承認錯誤

在現實生活中，每個人都會犯錯，這個道理大家都知道。當別人犯了錯誤時，我們總是希望他們能夠承認並且加以改正。可是一遇到自己身上，很多人就會犯嘀咕：

難道要我承認我不如別人？於是很多時候，人們不願意承認自己犯了錯誤。這就造成了人與人之間的交往障礙，因為每個人都堅持自己是對的，而觀點有時確實是對立的，於是留下了埋怨、不滿和爭執，甚至影響人際往來。他們不知道，有時候，勇於承認自己的錯誤而放棄自己的意見，反而會取得更大的成功。

「最大的失敗，就是永不言敗。」人們總是把犯錯誤看作是某種失敗，不願面對失敗與不肯承認失敗同樣糟糕，其實，若能把失敗當成人生必修的功課，我們會發現，大部分的失敗都會給我們帶來一些意想不到的好處。

沒有人喜歡失敗，因為失敗大多是一些痛苦的經驗，甚至讓美麗的人生受到重創。不過，一生順利未曾犯過錯誤，未嘗過失敗滋味的人，恐怕是少之又少。每個人或多或少都經歷過失敗，只是程度輕重的差別而已。

我們對於自己的主張或行為，常常喜歡抱著絕不改變的態度。當然，如果你的主張或行為，確實是毫無錯誤的，你抱著這種態度，可說是有益無害。但是世上千千萬萬的人中，有幾個人敢擔保他的主張或行為是毫無差錯的呢？有幾個人敢說他從來沒有說錯過一句話，或做錯過一樁事呢？

所以當你預備堅持任何事情時，最好先仔細想想你的堅持，是否因為你確實有毫無瑕疵的理由？還是因為你只是在「保全面子」而已？如果你經過仔細思量後，發現自己確有後者的動機夾雜在內，那麼請你趕快把你的堅持撤銷，因為「保全面子」，最易使人喪失理智，你的堅持既以它作為出發點，你所能獲得的唯一結果，只能是給人一種盡情攻擊的機會，而自己卻成了一個毫無反抗能力的木偶。

請看看美國羅斯福總統，他在一九一二年總統競選演說時，是怎樣聰明地改變他自己的主張的？那時他在新澤西州的一個小鎮的集會上，向一些鄉下人發表了一篇演講，當他在這篇演講中，說到女子也應當踴躍參加選舉時，聽眾中忽然有人大聲喊道：「先生！這句話和你五年前的意見不是大相徑庭了嗎？」羅斯福立刻很聰明地回答道：「可不是嗎，五年前我確實另有一種主張的，現在我已深信我那時的主張是不對的了！」

他這簡短的幾句話，連「但是」、「假使」等字眼都沒有用，然而話中卻充滿了坦白、忠實、誠懇、親切的意味，不但使那位問話的人獲得了滿意的答覆，就是其他的聽眾們，也絲毫察覺不出他有過什麼不安的情緒。

有許多上級對所屬人員所下的命令，常常顯得十分堅定，不可動搖。就管理下屬而言，這確是一種極聰明的辦法，因為有許多下屬，往往只有一個簡單的頭腦，他們對於你的意見根本沒有改善的能力，卻常愛借改善的名目來取巧偷懶。你有了堅決的主張，他們便不敢再稍加變動了。

但是，這時的上級切勿因此忘了他自己。換句話說，只可用堅決使下屬服從，卻不可讓它把自己也騙了。如果事後發現主張有了錯誤，仍應儘快設法將它更正。

紐約《太陽時報》主筆丹諾先生在讀稿時常常喜歡把自己認為重要的幾段用紅筆勾出，以提醒排校人員「切勿將它遺漏」。但是有一天，一位年輕校對員偶然讀到一段文字，也是被人用紅筆勾出的，上面大致是說：「本報讀者雷維特先生送給我們一個很大的蘋果，在那通紅美麗的皮上露出一排白色的字，仔細一看，原來是我們主筆的名字。這真是一個人工栽培的奇蹟！試想，一個完整無缺的蘋果皮上，怎樣會露出這樣整齊光澤的字跡呢？我們在驚奇之餘，多方猜測，始終不明白這些奇蹟是怎樣出現在蘋果上的。」

那個年輕的校對員是一個常識豐富的人，他讀了這段文字不禁好笑起來。因為他知道這些蘋果皮上的字跡，是只要趁蘋果還呈青色時，用紙剪成字形貼在上面，等蘋果發育紅時，再將紙撕去，這根本是個小朋友的惡作劇而已。

所以，這位年輕的校對員心想，這段文字如果登了出來，必將被人譏笑，說他們的主筆竟會愚笨至此，連這樣一點小「魔術」也會「多方猜測，始終不明……」因此，他便大膽地將這段文字刪掉了。

第二天一早，主筆丹諾先生看了報紙，立刻氣呼呼地走來，向他問道：「昨天原稿中有一篇我用紅筆勾出的關於『奇異蘋果』的文章，為何不見登出？」

那位校對員誠惶誠恐地把他的理由說明後，丹諾先生立刻十分誠摯和藹地說：「原來如此。你做得十分正確，以後只要有確切可靠的理由，即使我已用紅筆勾出，你仍不妨自行取捨。」

在這件事上，丹諾先生充分顯示了他並不是一味胡亂堅持己見的人。他的堅持，其實只是一種手段，用來壓抑下屬的越軌行為，卻不會用來欺騙自己。所以當他聽見對方的理由充足時，立刻自動把他的堅持取消了。

從另一方面來看，那位年輕校對員未遭訓斥，也是因為他更改的動機，並非為了取巧、偷懶等自私行為，而是完全為了報社方面著想。他當初明知道這樣做不但對自己無益處，反而也許會因此被沒有度量的主筆嚴斥，但他仍舊本著良心去做，因此他獲得讚譽，也是理所當然的。

客觀地認識自己

人生最大的難題莫過於：認識自己！

許多人談論某位企業家、某位世界冠軍、某位著名電影明星時，總是讚不絕口，可是一提到到自己，便一聲長嘆：「我不是成才的料！」他們認為自己沒有出息，不會有出人頭地的機會，理由是：「生來比別人笨」，「沒有高級文憑」，「沒有好的運氣」，「缺乏可依賴的社會關係」，「沒有資金」，等等。而要獲得成功就必須要正確認識自己，堅信「天生我才必有用」。

嚴重的自卑感相當容易扼殺一個人的聰明才智。另外，它還可以形成惡性循環：由於自卑感嚴重，不敢做或者做起來縮手縮腳、沒有魄力，這樣就顯得無所作為或作為不大；旁人會因此說你無能，旁人的議論又會加重你的自卑感。因此必須一開始就打斷它，丟掉自卑感，大膽做起來。

謙虛是一種美德，但是缺點往往是優點的過分延伸。過於謙虛，或者由於自卑而謙虛，都是不應該的。幾乎每一個科學家都是非常自信的人，自信，可以使人精神振奮、勇於進攻、戰勝困難。所以，必須積極尋找自我解脫之路，走出自卑的心理毛病。

當然，在自我評價時，不妨把分打得低點，對自己嚴厲一些。這樣以低姿態朝前衝，如果結局超過了估計，我們也會欣喜的。低姿態就是為自己準備一份驚喜機會。

如果我們自我過分膨脹，必然翻船。其實，每個人都有弱點、缺點。既然知道自己的短處，就要去改正。若一味地畏懼他人直言指出你的短處，那就永遠不知道問題出在何處而沒法進步了。對每個人而言，知道他人如何評價肯定自己的工作表現，是非常重要的事。若想今後博得他人更多的重視和評價，卻不能察覺到問題的存在而加以糾正、避免，那就只能屈居第三流人物了。

對危機不瞭解，可能造成極大的損失。客觀地認識你自己這當然是困難的，然而作為一個想正正經經做一番事業的人，對自己先要有個正確的認識。

人在生活中有成功也有失敗。然而，傳統觀念使人們注意從失敗中吸取教訓，而不注意對成功的研究。所以失敗在人的心理上留下的印痕更深。倘若一個人失敗的次數多了，就容把自己看得一無是處。

一個全面而客觀的自我認識應該包括成功和失敗兩部分。自卑者一旦把視野拓寬或換一個角度來看，就會突然發現一個完全不同的自我。請記住心理學家羅伯特·安東尼的下面這段話：「將自己的每一條優點都列出來，以讚賞的眼光看看他們。經常看，最好背下來。將注意力集中於自己的優點，你會在心裡樹立信心：你是一個有價值、有能力、與眾不同的人。無論什麼時候，你只要做對一件事，就要提醒自己記住這一點，甚至為此酬謝自己。」

永遠不要放棄

在第二次世界大戰後功成身退、生活立刻由絢爛歸於平靜的邱吉爾，有一回，他應邀在劍橋大學畢業典禮上致詞。那天他坐在首席位置上，打扮一如平常，頭戴一頂高帽，手持雪茄，一副怡然自樂的樣子。經過隆重但稍嫌冗長的介紹後，邱吉爾走上講台，兩手抓住講台，注視觀眾後大約沉默了二分鐘，然後他就用那種他獨特的風範開口說：「永遠，永遠，永遠不要放棄！」接著又是長長的沉默，然後他又一次強調：「永遠，永遠，不要放棄！」最後在他再度注視觀眾片刻後驀然回座。

無疑地，這是歷史上最短的一次演講，也是邱吉爾最膾炙人口的一次演講。但這些都不是重點，真正的重點是你願意聽取邱吉爾的忠告嗎？

時常聽見有些人哀嘆自己時運不濟，無論任何事都不能如願。事實上，真正失敗的原因是他做任何一件事，只要一遇挫折就半途而廢。可是繼續接收他那份工作的人，卻因自己不斷的努力，反而獲得圓滿的成果。由這裡我們可以明白地看到，並不是這個人運氣差，只是因為他欠缺耐心。

做任何事只要半途而廢，那前面的辛苦就白費了。唯有經得起風吹雨打及種種考驗的人，才是最後的勝利者。因此，如果不到最後關頭，我們就絕不言放棄。在堅持不懈的努力中，人生境界才能得到昇華。

永不言敗和善於對失敗進行總結，是成功者的基本特徵。在成功者的天地裡不存在任何「應急解決辦法」或免費午餐，唯有高度集中和堅持不懈的品格才能克服通往任何目標的路上所遇到的曲折和危機。

尤其在我們將願望轉變為財富的過程中，毅力和忍耐更是一個不可缺少的因素。那些財富浩大的人通常被認為冷血或無情，這其實是一種誤解。事實上，他們是具有堅強意志的人，他們在大多數人會輕易地放棄自己的目標時，堅持了下來，所以他們比大多數人更接近最後一次失敗之後的成功。

只有少數人能從經驗中得知堅忍不拔精神的正確性。這些人承認失敗只是一時的，他們依靠不衰的願望而使失敗轉化為勝利。我們站在人生的軌道上，目擊絕大多數的人在失敗中倒下去，永遠不能再爬起來。對此，我們只能總結說，一個人沒有毅力，那麼他在任何一行中也都不會得到成就。

我們的事業、我們的人生也是這樣，在競爭的社會裡，當然不會忘記勝利，但是，我們也不該忘記失敗，不該蔑視失敗，對一個為事業奮鬥傾其能、盡其力的參與者來說，他們的失敗推動了整個事業前進，所以雖敗亦榮、亦烈，他們的精神亦傳千古，亦流芳百世。

亨利・福特說：「失敗能提供你以更聰明的方式獲取再次出發的機會。」其實，偉大的牛頓、愛迪生，尚且還有失敗的時候，何況平凡的你我？

況且，從某種意義來說，人沒有失敗，就沒有成功，甚至於個人要是沒有大失敗，就沒有大成功，你去問問成功的人，他們可以肯定地告訴你，他們經歷的失敗比你想像的還要多得多。其實，他們之所以現在成功，就是因為以前積累了太多太多的失敗。只是他們不怕失敗，耐心而又細緻地研究失敗的原因，然後，一步一步地把它們解決，最後才取得了勝利。

所以，不要怕失敗，「誰說所有的英雄都是成功的，我們的「英雄」首先收穫的就是眼淚」。失敗對勝利來說是一座有機的橋樑，你要獲得勝利，你不能不知道失敗，不能不經歷失敗，不能不研究失敗，不能不總結失敗。

豁達是人類個性最高的境界之一

豁達是一種博大的胸懷、超然灑脫的態度，也是人類個性最高的境界之一。

一般說來，豁達開朗之人比較寬容，能夠對別人有不同的看法、思想、言論、行為乃至他們的宗教信仰、種族觀念等都加以理解和尊重。不輕易把自己認為正確或者錯誤的東西強加於別人。他們也有不同意別人的觀點或做法的時候，但他們會尊重別人的選擇，給予別人自由思考和生存的權利。

有時候，往往是豁達產生寬容，寬容導致自由。記得胡適先生說過，如果大家希望享有自由的話，每個人均應採取兩種態度：在道德方面，大家都應有謙虛的美德，每人都必須持有自己的看法，不一定是對的態度；在心理方面，每人都應有開闊的胸襟與兼容並蓄的雅量來寬容與自己意見不同甚至相反的意見。換句話說，採取了這兩種態度以後，你會容忍我的意見，我也會容忍你的意見，這樣大家便都享有自由了。

當然，豁達並非等於無限度地容忍別人，開朗並不等於對已構成危害的犯罪行為加以接受或姑息。但對於個人而言，豁達往往會有更好的人際關係，自己在心理上也會減少仇恨和不健康的情感。而對於一個群體而言，寬容開朗，無疑是創造一種和諧氣氛的調節劑。因此，豁達寬容是建立良好人際關係的一大法寶，同時也是一個人完善個性的表現。

美國有位作家曾說過：沒有豁達就沒有寬鬆。無論我們取得多大的成功，無論爬過多高的山，無論有多少閒暇，無論看多少美好的目標，沒有寬容心，我們仍然會遭受內心的痛苦。世界上最大的是海洋，比海洋更大的是天空，比天空更大的是人的胸懷。古今中外因豁達、開朗、寬容、謙讓的品德而獲得他人的友情、愛戴，或者消除仇恨、恩怨的例子數不勝數。

唐高宗時期有個吏部尚書叫裴行儉，家裡有一匹皇帝賜的好馬和很珍貴的馬鞍。他有個部下私自將這匹馬騎出去玩，結果馬摔了一跤，摔壞了馬鞍，這個部下非常害怕，因此連夜逃走了。裴行儉叫人把他找回來，並且沒有因此而責怪他。

又有一次，裴行儉帶兵去平都支援李遮匐，結果獲得了許多有價值的珍寶，於是就宴請大家，並把這些有價值的珍寶拿出來給客人看，其中有個部下在抱著一個直徑兩尺、很漂亮的瑪瑙盤出來給大家看的時候，一不小心，摔了一跤，把盤子摔破了，頓時害怕得不得了，伏在地上拚命叩頭以致流血。裴行儉笑著說：「你不是故意的。」臉上並無可惜的樣子。

這些歷史上忍讓的故事，受損的一方並沒有因自己的損失和難堪而大發雷霆，懷恨在心。相反，他們都表現出寬宏大量、豁達開朗、毫不計較的美德和風度。結果不僅沒有受到更多的損失、得到更多的難堪，反而在不知不覺中平息了糾紛，博得了別人的頌揚。

一個人只有豁達、開朗、寬容才能接受別人，善於與他人相處，能承認他人存在的意義和作用，他也就能被他人所理解和接受，為團體所接納，就能與別人互相溝通和交往，人際關係才會協調，才能與團體成員融為一體。

合群的人，常常能夠與朋友共用快樂，表現出積極的態度總是多於消極的情感；即使在單獨一人時也能安然處之，無孤獨之感。因為這種具有積極情感的人會感受到自己存在的價值，能夠對自己的能力、個性、情感、長處和不足做出恰當和客觀的評價，不會對自己提出苛刻的、不切實際的要求，能恰如其分地確定自己的奮鬥目標和做人的原則，努力發展自身的潛能，並不回避和否認自己的缺陷，儘量用自己的樂觀情緒去感染別人，正是這些特點，才贏得大家的喜愛和認同。

豁達是贏得人心的奧秘

人生百年，七八十歲也算是命大了。人這一輩子與其悲悲戚戚、鬱鬱寡歡地過，倒不如痛痛快快、瀟瀟灑灑地活。可人生一世，那麼多的風風雨雨、坎坎坷坷，怎樣才能活得暢快？

豁達才是人生情感的主旋律。豁達是一種超脫，是自我精神的解放，人要是成天被名利纏得牢牢的，得失算得精精的，樹葉子掉下來就悲悲傷傷的，又如何豁達呢？豁達就要有點豪氣，乍暖還寒尋常事，淡施濃抹總相宜。凡事到了淡，就到了最高境界，天高雲淡，一片光明。

人肯定要有所追求，追求是一回事，結果是一回事。我們不妨就記住一句話：事物的發生發展都必須符合時空條件，有「時」無「空」，有「空」無「時」都不行，那你就得認了。人活得累，是心累，常嘮叨這幾句話就會輕鬆得多：「功名利祿四道牆，人人翻滾跑得忙；若是你能看得穿，一生快活不嫌長。」

豁達是一種寬容。恢弘大度，心無芥蒂，肚大能容，吐納百川。蜚短流長怎麼樣，黑雲壓城又怎麼樣？心中自有一束不滅的陽光。以風清月明的態度，從從容容地對待一切，待到廓清雲霧，必定是柳暗花明。

豁達是一種自信，人要是沒有精神支撐，剩下的就是一具臭皮囊。人的這種精神就是自信，自信就是力量，自信給人智勇，自信可以使人消除煩惱，自信可以使人擺脫困境，有了自信，就充滿了光明、豁達的人，必是一條敢做也敢為的漢子，那種佝僂著腰桿，委曲求全的君子，絕不是自家兄弟。

豁達是一種修養，一種理念，是一種至高的精神境界。蘇東坡一生顛沛流離，卻是「猝然臨之而不驚，無故加之而不怒」。沈從文也好，馬寅初也好，一些偉人的跌宕起伏也好，對於人生的種種不平、不幸，都以其博大胸襟和知識學問所涵蓋，以及

氣度決定寬度2

由善良、忠直、道義所孕育的不屈不撓的生命力所戰勝。說到底，豁達就是對待人世的態度。

第4章 有氣度，便能走向最成功的人生彼岸

個人的成功源自於社會的成功，個人的成功也是自我身心的全面成功，只有對社會做出貢獻並使自我完美起來，才能說是真正成功與幸福。

擺正生活中的目光

班傑明・佛蘭克林說：世界上有兩種人，他們的健康、財富以及生活上的各種享受大致相同，結果，一種人是幸福的，而另一種卻得不到幸福。他們對物、對人和對事的觀點不同，那些觀點對於他們心靈上的影響因此也不同，苦樂的分界也就在於此。

一個人無論處於什麼地位，遭遇總是有順利和不順利；無論在什麼交際場合，所接觸到的人物和談吐，總有討人喜歡的和不討人喜歡的；無論在什麼地方的餐桌上，酒肉的味道總是有可口的和不可口的，菜餚也是煮得有好有壞；無論在什麼地帶，天氣總是有晴有雨。

天才所寫的詩文有美點，但也總可以找到若干瑕疵；差不多每一個人的臉上，總可找到優點和缺陷；差不多每一個人都有他的長處和短處。樂觀的人所注意的是順利的際遇、談話之中有趣的部分、精製的佳餚、美味的好酒、晴朗的天氣等，同時盡情享樂。悲觀的人所想的和所談的卻只是壞的一面，因此他們永遠感到怏怏不樂，他們的言論在社交場所既大殺風景，有的還得罪許多人，以致他們到處和別人格格不入。如果這種性情是天生的，對這些怏怏不樂的人倒是應該憐憫。但是那種吹毛求疵令人厭惡的脾氣，也許根本從模仿而來，於不知不覺中養成了習慣。

假如悲觀的人能夠知道他們的惡習對於他們一生幸福有如何不良的影響，那麼即使惡習已經到了根深蒂固的程度，還是可以矯正的。悲觀是一種惡習，實際上雖然只是一種態度，一種心理行為，但是它卻能造成終生的嚴重後果，帶來真正的悲哀與不幸。他們得罪了大家，大家誰也不喜歡他們，最多以極平常的禮貌和敬意跟他們敷衍，有時甚至連極平常的禮貌和敬意都談不上。他們常常因此很氣憤，引起種種爭執。他們如果想將地位改變或將財富增加，別人誰也不會希望他們成功，沒有人肯為成全他們的抱負而出力或出言。如果他們遭受到公眾的責難或羞辱，也沒有人肯為他們的過失辯護或予以原諒；許多人還要誇大其詞地同聲攻擊，把他們罵得體無完膚。

如果這些人不願矯正惡習，不肯遷就，不喜歡一切別人認為可愛的東西，而總是怨天尤人，自尋煩惱，那麼大家就會避免與之交往。因為這種人總是難以和人相處，一旦你發覺自己被牽扯進他們的爭吵中時，你將會感到極大的煩惱與痛苦。

我們所關注的焦點會影響我們對於事實的認知，因而我們應當好好控制自己的目光，免得不小心而破壞愉快的情緒。

如果你召開一次業務會議，結果其中有一位主管未能及時到場，這時你心中的感受就取決於你所關注的焦點所在。在你心中對於他之所以不能到場持什麼樣的看法呢？是他根本就不在乎這場會議，還是他碰巧遇上了什麼困難？這就要看你是從什麼角度去看了，你用什麼樣的眼光觀察，就會造成什麼樣的情緒。如果說他不能及時到場，是因為正和別人如火如荼地談一筆大生意，你卻因他不在場而發火，待日後知道真相時那如何是好？別忘了，我們的想法往往會決定我們的情緒，所以最好不要動不動便貿然下結論。

當生活中發生了什麼問題，要把主要想法放在尋求解決問題的辦法上，也就是所要的結果上，千萬別把心思放在讓你害怕的方向上。想來可笑，若一部電影很爛，不知道你會不會一再去看？我相信絕不會，可是為什麼你卻經常在自己的心裡放映這種爛片呢？當你一這麼做，很容易就會使自己掉進窩囊的感覺裡，無怪乎我們得特別留意自己所關注的事情上。就算是情況真的很糟，我們也必須把目光放在自己能做、能掌握的部分上，這樣才能鼓起你繼續做下去的勇氣。

如果你想讓心情馬上好起來，那也很容易，只要把想法放在曾經使你快樂的事情上，不管是跟你的家人、朋友或任何人都行。你也可以把注意力放在未來的美夢上，提早感受你將來成功時的興奮與快樂，那可以帶給你拿出行動去付諸實現的幹勁。

假設你去參加一個宴會，隨身帶了一台攝影機。整個晚上，若是你把鏡頭一直對向大廳左側一對在爭吵的夫妻身上，是不是連帶著自己的心情也不快了呢？就由於你一直看著他們的爭吵，從而心裡便興起這樣的念頭：「真是糟糕的一對，好好的宴會都被破壞了。」

然而，要是你整個晚上都把目光放在大廳的右側口裡圍坐著一群高聲談笑的來賓，這時若有人過來與你攀談你對這場宴會的感覺，相信你一定會這麼說：「噢，這場宴會真是棒極了！」

據說，耶穌在講經時，曾做過這樣一個比喻：「如果一個人有一百隻羊，其中一隻迷失了路，他豈不把那九十九隻留在山上，而去尋找那只迷失了路的羊嗎？如果他幸運找著了，我實在告訴你們：他為這一隻，比為那九十九隻沒有迷路的，更覺歡喜……」要是找不到這隻迷失的羊，會怎樣呢？

佛蘭克林說：「我們的一生有太多地方可以去注意的，隨便你怎麼去看，但為何偏偏就是有那麼多人只看消極而無法控制的那一面呢？」

人們常說，才華和性格對於一個人的成功有決定性的影響。確實，一個善於寬容、體諒他人的人，一個心地善良、心氣平和的人，一個具有克制力和忍耐心的人，總能找到生活中的幸福，或者說，一個人的幸福大都取決於這些善良、寬容和體貼人的品格。正如柏拉圖所說的，使別人幸福的人他自己也一定能得到幸福。

性格對於一個人的生活有著極為重要的影響。性格好的人總能看到生活中好的東西。對於這種人來說，根本就不存在什麼令人傷心欲絕的痛苦，因為他們即便在災難和痛苦之中也能找到心靈的慰藉，正如在最黑暗的天空中心靈總能或多或少地看見一絲亮光一樣。

儘管天上看不到太陽，重重烏雲佈滿了天空，但他們還是知道太陽仍在烏雲上，太陽的光線終究會照到大地上來。這種使人愉悅的性格不會遭人妒忌。具有這種性格的人，他們的眼裡總是閃爍著愉快的光芒，他們總顯得歡快、達觀、朝氣蓬勃。他們的心中總是充滿陽光。當然，他們也會有精神痛苦、心煩意亂的時候，但他們不同於別人的就是他們總是愉快地接受這種痛苦，沒有抱怨，沒有憂傷，更不會為此而浪費自己寶貴的精力，而是拾起生命道路上的花朵，奮勇前行。

具有樂觀、豁達性格的人，無論在什麼時候，他們都感到光明、美麗和快樂的生活就在身邊。他們眼睛裡流露出來的光彩使整個世界都流光溢彩。在這種光彩之下，寒冷會變成溫暖，痛苦會變成舒適。這種性格使智慧更加熠熠生輝，使美麗更加迷人燦爛。那種生性憂鬱、悲觀的人，永遠看不到生活中的七彩陽光，春日的鮮花在他們的眼裡也頓時失去了嬌豔，黎明的鳥鳴變成了令人煩躁的噪音，無限美好的藍天、五彩紛呈的大地都像灰色的布幔。在他們眼裡，創造僅僅是令人厭倦的、沒有生命和沒有靈魂的蒼茫空白。

快樂的心情像一股永不枯竭的清泉，有人把快樂的心情稱為蔚藍的天空，快樂的心情就是一首沒有歌詞的永無止境的歡歌。它使人的靈魂得以寧靜，使人的精力得以恢復，使美德更加芬芳。人的精神、靈魂、美德都從這種愉悅的心情中得到滋潤，儘管煩惱和不安總在時時吞噬著這種美好的心情，各種挫折和磨難會一點一滴地消耗它，但這如清泉甘露般的美麗心情永遠不會枯竭，而是歷久彌堅以至永遠。

儘管愉快的性格主要是天生的，但正如其他生活習慣一樣，這種性格也可以透過訓練和培養來獲得或得到加強。我們每個人都可能充分地享受生活，也可能根本就無法懂得生活的樂趣，這在很大程度上取決於我們從生活中提煉出來的是快樂還是痛苦；我們究竟是經常看到生活中光明的一面還是黑暗的一面，這在很大程度上決定著我們對生活的態度。

任何人的生活都是兩面的，問題在於我們自己怎樣去審視生活。我們完全可以運用自己的意志力量來做出正確的選擇，養成樂觀、快樂的性格。樂觀、豁達的性格有助於我們看到生活中光明的一面，即使在最黑暗的時候也能看到光明。

現實生活中，有很多自尋煩惱的年輕人，如有的年輕人對個人名利過於苛求，得不到便煩惱不安；有的人性情多疑，老是無端地覺得別人在背後說他的壞話，常常感到莫名其妙的煩惱；有的人嫉妒心重，看到別人的成就與事業超過自己，心理就難過。最為典型的自尋煩惱是把別人的問題攬到自己身上自怨自艾，這無異於引火焚身。

聰明的人往往是處在一些煩惱的環境中，而且自己能夠尋找快樂。因煩惱本身是一種對已成事實的盲目、無用的怨恨和抱憾，除了給自己心靈一種自我折磨外，沒有任何的積極意義。

為了不讓煩惱纏身，最有效的方法是正視現實，摒棄那些引起你煩惱不安的幻想。世界上不存在你完全滿意的工作、配偶和娛樂場所，不要為尋找盡善盡美的道路而掙扎。實際上，並不是所有在生活中遭受磨難的人，精神上都會煩惱不堪。相信很多人對生活的磨難、不幸的遭遇，往往是付之一笑，看得很淡；倒是那些平時生活安逸平靜、輕鬆舒適的人，稍微遇到不如意的事情，便會大驚小怪起來，引起深深的煩惱。這說明，情緒上的煩惱與生活中的不幸並沒有必然的聯繫。生活中常碰到的一些不如意的事情，這僅僅是可能引起煩惱的外部原因之一，煩惱情緒的真正病源，應當從煩惱者的內心去尋找。大部分終日煩惱的人，實際上並不是遭到了多大的個人不幸，而是在自己的內心素質和對生活的認識上，存在著某種缺陷。

因此，當受到煩惱情緒襲擾的時候，就應當問一問自己為什麼會煩惱，從內在因素方面找一找煩惱的原因，學會從心理上去適應你周圍的環境。

保持謙遜

一個謙虛的人，他的周圍總是聚集著許多朋友，他總是能贏得人們的尊重和愛戴。古今中外歷史上那些成就大業者，除去自身的能力外，無不是虛心向書本、向別人學習的典範。

三人同行，必有我師。它告誡人們要謙虛謹慎，不要自以為是，好為人師，要有甘當小學生的精神。正像俗話所說：愚者千慮，必有一得；智者千慮，必有一失。

在當今資訊大爆炸時代，知識更新週期越來越短，學科分支越來越細，誰也不可能是個「萬事通」，誰也不能保證自己所學的知識一輩子夠用，這就更需要我們不恥下問，克服剛愎自用、自以為是的毛病。

美國南北戰爭時期南方聯盟的戰將傑克遜，更是以謙遜著稱，還是在西點軍官學校時，他便以謙遜著稱。曾經，一個名叫「石城」的戰役，本來是他指揮的，但他卻一再堅持說，功勞應屬於全體官兵，而不屬於他自己。還有一例就是，在墨西哥戰鬥中，總司令斯哥托對他的指揮能力給予了極高的評價，但傑克遜從未向任何人提起過這事。

不過，傑克遜並不是視功名如糞土。在墨西哥戰爭開始時他給他姐姐的一封信中便可以看出，他充滿了樹立聲譽、博得大眾矚目的計畫，因為那個時候他只不過是一個空有其名的副官。而在後來的事業進程中，這位勇敢、謙遜而聰明過人的人，巧妙地運用了向上進取的每一計畫，使斯哥托將軍對他大有好感，在他的手下，傑克遜又得到了不斷的提拔。

這些人所不願聲張的，只是那些一定會為人所知道的事情。而當他至關重要的功績被人們忽略時，他們也會立即採取必要的行動來標識自己的——這只是一種實事求是的標識罷了。

所以，只有目光短淺、胸無大志的人才會時時標榜自己做了什麼，有時為了標識自己，甚至在大眾面前掩飾自己的過失。像傑克遜、克里斯等偉大的人物則不同，他們都能超脫這種淺薄的虛榮。他們深知，人們所樂意接受和尊敬的是那些謙遜的人。一個有功績而又十分謙遜的人，他的身價定會倍增。

對於謙遜，我們還要指出一點的是：在這個現實的世界，好的道德與才能，如果沒有人知道，並不就是很好的回報。這不僅是在欺騙自己，也是在欺騙別人，更是對自己功績的詆毀。所以，過度的謙虛並不是一種可取的美德。謙遜與恰當時間的自我標識相結合，也是一個獲得成功的途徑之一。

凡事往好處想

安徒生有一則名為《老頭子總是不會錯》的童話，這則童話寓意豐富。

鄉村有一對清貧的老夫婦，有一天，他們想把家中唯一值點錢的一匹馬拉到市場上去換點更有用的東西。老頭牽著馬去趕集了，他先是與人換得一頭母牛，又用母牛去換了一隻羊，再用羊換來一隻肥鵝，又把鵝換了母雞，最後用母雞換了別人的一大袋爛蘋果。在每次交換中，他都想給老伴一個驚喜。

當他扛著大袋子來到一家小酒店休息時，遇上兩個英國人。閒聊中他談了自己趕集的經過，兩個英國人聽得哈哈大笑，說他回去包準得挨老婆子一頓揍。老頭子堅稱絕對不會，英國人就用一袋金幣來打賭，三人於是一起回到老頭子家中。

老太婆見老頭子回來了，非常高興，她興奮地聽著老頭子講趕集的經過。每聽老頭子講到用一種東西換了另一種東西時，她都充滿了對老頭的欽佩。

她嘴裡不時地說著：「哦，我們有牛奶了！」

「羊奶也同樣好喝。」

「哦，鵝毛多漂亮！」

「哦，我們有雞蛋吃了！」

最後聽到老頭子背回一袋已經開始腐爛的蘋果時，她同樣不慍不火，大聲說：

「我們今晚就可以吃到蘋果餡餅了！」

結果，英國人輸掉了一袋金幣。從這個故事中我們可以領悟到：不要為失去的一匹馬而惋惜或埋怨生活，既然有一袋爛蘋果，就做一些蘋果餡餅好了，這樣生活才能妙趣橫生、和美幸福，而且，你才可能獲得意外的收穫。

人在失意的時候如何自處？愛德加•伯根的方法值得借鑑。有一天他到郵局去郵購一本攝影的書，從此他滿懷希望，天天等著郵差上門來。最後，郵差總算送來他的包裹。愛德加打開包裹，滿腔歡喜卻像是被人當頭潑了一盆冷水，原來包裹裡面裝的不是他訂的攝影書籍，卻是一本關於腹語術的書。

愛德加馬上又把書包起來，準備寄回去，可是轉念一想，既然這本書就在手上，何不看看再說呢？你也許猜得到結局如何了，愛德加後來變成知名的腹語專家，他創造了許多可愛的角色，他的演出廣受世人的欣賞。他的人生由此而成功。

愛德加•伯根的信念其實很簡單——他拿到一個檸檬，於是就榨了一杯檸檬汁。只要你凡事往好處想，好處就會到來。

一個美夢的破滅往往是另一個未來的開始

邁克的奮鬥事蹟照亮了許多人的人生之路，成為整個美國社會所景仰的英雄。邁克・蘭頓生長在不正常的家庭裡，父親是個猶太人（十分排斥天主教徒），而母親卻偏偏是個天主教徒（卻又十分排斥猶太人）。

在他小的時候，母親經常鬧著要自殺，當遇到不順心的事時，便抓起掛衣架追著他毒打。就因為生活在這樣的環境裡，所以他自幼就有些畏縮和身體瘦弱。然而日後當他在那部叫座的電影影片──《草原上的小屋》（Little House on the Prairie）中卻扮演了那個英格斯家庭的一家之主，堅毅而充滿自信的性格給大家留下了深刻的印象。邁克的人生為什麼會有這樣的改變呢？

在他讀高中一年級時，有一天，體育老師在操場教他們如何擲標槍，而這一次的經驗就此改變了他後來的人生。在此之前，不管他做什麼事都是畏畏縮縮的，對自己一點自信都沒有，可是那天奇蹟出現了，他奮力一擲，只見標槍越過了其他同學的紀錄，多出足足有十公尺。就在那一刻，邁克知道了自己的前途大有可為。

在其日後接受《生活》雜誌的採訪時，他回想道：「就在那一天，我才突然發現，原來我也有能比其他人做得更好的地方，我當時便請求體育老師借給我這支標槍，在那年整個夏天裡，我就在運動場上擲個不停。」

邁克發現了使他振奮的未來，而他也全力以赴，結果有了驚人的成績。那年暑假結束返校後，他的體格已有了很大的改變，而在隨後的一年中他特別加強訓練，使自己的體能不斷地往上提升。在高三時參加的一次比賽中，他擲出了全美國中學生最好的標槍記錄，因而也讓他贏得南加大的體育獎學金。

故事到此尚未結束，邁克之所以有如此神奇的臂力，就在於有一部電影帶給他的影響，他相信他的頭髮也跟《聖經》中那位大力士一樣是力量的源泉——頭髮留得越長他的臂力就越強。這個想法在他念高中時可能行得通——可是二十世紀五〇年代時流行小平頭的南加大卻不吃這一套，有一次他硬是被其他運動員動粗，剪掉了滿頭他認為是獅子力量來源的頭髮。

雖然從此他不再成為校園中被指指點點的人物，可是先前的力量卻也隨著他對頭髮的信念而消失了，再擲時的成績足足比以前少了十公尺以上。為了迎頭趕上，他鍛鍊過度而嚴重受傷，經檢查證實得永久退出田徑場，這使他因此也失去了體育獎學金。為了生計，他不得不到一家工廠去擔任卸貨工人，他的夢似乎就此完了，永遠無法成為一位國際矚目的田徑明星。

不知道是不是幸運之神的眷戀，有一天他被好萊塢的星探發現，問他是否願意在即將拍攝的一部電影影片——《鴻運當頭》中擔任配角。

當時這部影片是美國電影史上所拍第一部彩色西部片，邁克應允加入演出後從此就沒有回頭，先是演員，然後演而優則導，最後成為製片，他的人生事業就此一路展開。

一個美夢的破滅往往是另一個未來的開始。邁克原先有個在田徑場上發展的目標，而這個目標引導著他鍛鍊強健的體格，後來的打擊卻又磨練了他的性格，不料這兩種訓練卻成了他另外一個事業所需的特長，使他有了更耀眼的人生。

耐心等待機會

很久以前，為了開闢新的街道，倫敦拆除了許多陳舊的樓房。然而新的道路卻久久未能開工，舊樓房的廢墟任憑日曬雨淋。

有一天，一群自然科學家來到這裡，他們發現，在這一片多年未見天日的舊地基上，這些日子裡因為接觸了春天的陽光雨露，竟長出了一片野花野草。奇怪的是，其中有一些花草卻是在英國從來沒有見過的，它們通常只生長在地中海沿岸國家。這些被拆除的樓房，大多都是在古羅馬人沿著泰晤士河進攻英國的時候建造的。

這些花草的種子多半就是那個時候被帶到了這裡，它們被壓在沉重的石頭磚瓦之下，一年又一年，幾乎已經完全喪失了生存的機會。但令人感到意外的是，一旦它們見到陽光，就立刻恢復了勃勃生機，綻開了一朵朵美麗的鮮花。

其實，人的生命也是如此。一個人，不管他經受了多少打擊，也不管他經歷了多少苦難，只要他有耐心，有毅力，一旦愛的陽光照耀在他的身上，他便能治癒創傷，便能獲得希望，便能重新萌生出新的生機，哪怕是在荒涼惡劣的環境裡，也依然能夠放射出自己的光和熱。

奧格・曼狄諾喜歡講這樣一個故事。

賣花的老太太微笑著，又老又皺的臉上蕩著喜悅，衝動之下，我挑了一朵花。

「今天早晨你看起來很高興。」我說。「為什麼不呢？一切都這麼美好。」她穿得相當破舊，身體看上去很虛弱，因此她的回答令我大吃一驚。「你很能承擔煩惱。」我說。「耶穌在星期五被釘在十字架上的時候，那是全世界最糟糕的一天，可是三天以後就是復活節，所以當我遇到麻煩時，就學會了等待三天。一切就恢復正常了。」然後她笑著道了聲再見。從此，我一碰到麻煩，那老太太的話便響在耳邊：「等待三天。」

佛蘭克林說：「有耐心的人無往而不利。」耐心需要特別的勇氣；對一個理想或目標全身心地投入，而且要不屈不撓，堅持到底。就像白朗寧所說：「有勇氣改變你能夠改變的，願意接受你無法改變的，並且明智地判斷你是否有能力改變。」因此，追求人生目標的決心愈堅定，你就愈有耐心克服阻礙。所謂的耐心，是指動態而非靜態，主動而不是被動，是一種主導命運的積極力量，而不是向環境屈服。這種力量在我們的內心源源不盡，但必須嚴格地控制及引導，以一種幾乎是不可思議的執著，投入既定的目標。

有了堅定的人生方向，可以提高我們對於挫折的忍受力。我們知道目標逐漸接近，這些只是暫時的耽擱。如果我們能夠積極地面對困難，問題就能迎刃而解。

耐心等待，等待機會，我們就能在意想不到中獲得成功。機會是一種稍縱即逝的東西，而且機會的產生也並非易事，因此不可能每個人什麼時候都有機會可抓。而機會還沒有來臨時，最好的辦法就是：等待、等待、再等待。在等待中為機會的到來做好準備。一旦機會在你面前出現，千萬別猶豫，抓住它，你就是成功者。

耐心等待是一個很不錯的辦法，但耐心等待絕不是什麼也不做。在美國，許多企業家都深深地懂得它的重要性，他們都極富耐心。他們知道，等待會使他們取得意想不到的成功。

洛克菲勒就是這樣一個有耐心的成功者，他以他特有的美國人的習性，等待著機會的出現，而一旦機會出現，他就會毫不猶豫，迅速地抓住它，從而獲得意想不到的成功。

如何培養耐心？很簡單，只要你確定人生的目標，專注於你的目標，心裡充滿旺盛的企圖，那麼你所有的思想、行動及意念都會朝著那個方向前進。耐力是身體健康的一部分，不管發生了什麼情況，你必須具有堅持把工作完成到底的耐力。耐力是身體健康和精神飽滿的一種象徵，這也是你發展成為別人的領導者，並贏得卓越的駕馭能力所必需的一種個人品質。

實際上，忍耐力是與勇氣緊密相關的，是當事態真正遇到困難時你所必備的一種堅持到底的能力，是需要跑上幾公里還得百米衝刺的能力。忍耐力也可以被認為是需要忍受疼痛、疲勞、艱苦，並體現在體力上和精神上的持久力。忍耐力是你在極其艱苦的精神和肉體的壓力下長期從事卓有成效的工作能力，忍耐力是需要你長時間付出的額外努力。

那是需要你大口呼吸的時刻，而且它也是一種你想具備卓越的駕馭人的能力所必須培養的重要的個人品質。說實在的，有時你可能不需要在體力上像某些人在工作中表現出的那樣富有耐力。然而，不管你是表現出也好，不表現出也好，那工作還是需要去堅持，不管你碰到什麼障礙和困難，你都得把它成功地進行到底。

因為忍耐力對致富是那樣的重要，所以，為了發展你精神和肉體上的忍耐力，《獲取成功的精神因素》一書的作者克萊門特·斯通提出幾點指導原則供你借鑑：

不要沉湎於會降低你的身體和精神效率的活動。比如說吸菸過多，如果不能武斷地說會影響你的健康，至少也可以說會影響你呼吸系統的正常運行。科學研究證明吸菸的害處遠遠不只於呼吸系統。

飲酒過量也會降低你身體的忍耐力，會降低你清晰思考的能力，也會降低大腦發揮正常作用的能力，最終會導致體力和腦力的劇烈惡化，而且會越來越嚴重。幾乎沒有哪個喝酒過量的人會成為成功的管理人員或者贏得了高超的駕馭能力。事實上，有不少已經獲得了成功的執行人員由於嗜酒成癖，最後反受其害，從他們佔據很高的領導位置或負責人的地位上跌落下來。

當你身體的忍耐力、你的健康，乃至你的生活都失去常態的時候，你的大腦就不可能進行正常的思維和發揮正常的作用，不管這種失常是由於飲酒、吸毒，或者是由其他一些原因造成的。

你不妨嘗試一下，看看在你覺得身體不適之時，或者說喝了酒之後，能否做出一個正確而又及時的決策。

培養體育鍛鍊的習慣有助於增強你的體質。對於一個成天忙於怎樣賺錢的人，進行體育運動，似乎是最合適不過的了。不管是什麼類型的體育鍛鍊，只要你能持之以恆，都會增強你的體質，而且運用超負荷的原則還可以增加你的忍耐力。

超負荷的原則早已被實踐所證明，肌肉的發達與改善是根據你增加給肌肉的壓力需要而定的，如果我們期望不斷地改善，隨著能力的不斷增加，給肌肉的這種壓力需要也必須不斷地增加。學會一種自己一個人能玩，到了老年時也能享受其樂趣的運動項目。壘球、網球、排球，雖然是很好的運動項目，但一個人沒法玩，年紀大了也不便玩。可是，高爾夫球、保齡球、打獵、釣魚，卻是一些既能與其他人共同享受，又能自己單獨享受的運動項目，健康的體魄是你謀取財富的第一個物質基礎。

透過不斷強迫你自己去做一些緊張的腦力勞動來考驗我們的精神忍耐力。有時，當你疲勞至極，而且你的精力也已到了殆盡的地步時，你還要強迫自己工作，這是唯一一條學會在極大壓力下還能繼續進行工作的方法。學會這個也得運用超負荷的原則。

以我們最佳的體力和智力狀態完成各項工作。這通常是對你的忍耐力的最好考驗，這也是保持勇氣、保持耐力的一種方法。

勇敢地堅持下去

在生活中的不幸面前，有沒有堅強剛毅的性格，在某種意義上說，也是區別偉人與庸人的標誌之一。巴爾扎克說：「苦難對於一個天才是一塊墊腳石，對於能幹的人是一筆財富，而對於庸人卻是一個萬丈深淵。」有的人在厄運和不幸面前，不屈服，不後退，不動搖，頑強地同命運抗爭，因而在重重困難中衝開一條通向勝利的路，成了征服困難的英雄，掌握自己命運的主人。而有的人在生活的挫折和打擊面前，垂頭喪氣，自暴自棄，喪失了繼續前進的勇氣和信心，於是成了庸人和懦夫。

培根說：「好的運氣令人羨慕，而戰勝厄運則更令人驚嘆。」生活中，人們對於那些衝破困難和阻力、經受重大挫折和打擊而堅持到底的人，其敬佩程度是遠在生活的幸運兒之上的。征服的困難愈大，取得的成就愈不容易，就愈能說明我們才是真正的英雄。當接連不斷的失敗使愛迪生的助手們幾乎完全失去發明電燈的熱情時，愛迪生卻靠著堅忍不拔的意志，排除來自各方面的精神壓力，經過無數次實驗，終於為人類帶來了光明。在這裡，愛迪生的超人之處，正在於他對挫折和失敗表現出了超人的頑強精神。

古羅馬哲學家塞尼加有句名言：「真正的偉人，是像神一樣無所畏懼的凡人。」誰能以不屈的精神對待生活中的不幸，誰就能最終克服不幸。在不幸事件面前愈是堅強，愈能減輕不幸事件的打擊。

貝多芬以他那孤獨痛苦、然而又是熱烈追求的一生，給世界留下一句名言：「用痛苦換來歡樂。」它曾經鼓舞無數人奮起和自己的不幸進行戰鬥。一個人只要能在任何情況下都勇敢地面對人生，無論遭遇到什麼，依然保持生活的勇氣，保持不屈的奮鬥精神，他就是生活中的強者，一個真正剛強的人。相反，有些人之所以在失戀、失學、疾病，或工作中的挫折、失敗，或其他生活不幸事件的打擊面前一蹶不振，精神崩潰，弄到十分可憐的地步，原因之一就在於缺乏堅強剛毅的性格。

沒有一個人生來剛毅，也沒有一個人不可能培養出剛毅的性格。我們不要神化強者，以為自己成不了那種鋼鐵般堅強的人。其實，普通人所有的猶豫、顧慮、擔憂、動搖、失望等，在一個強者的內心世界也都可能出現。伽利略屈服過，哥白尼動搖過，奧斯特洛夫斯基想到過自殺，但這並不排除他們是堅強剛毅的人。

剛毅的性格和懦弱的性格之間並沒有千里鴻溝，剛毅的人不是沒有軟弱，只是他們能夠戰勝自己的軟弱。只要加強鍛鍊，從多方面對軟弱進行對抗，那就可能成為堅強剛毅的人。如果我們想培養自己承受悲慘命運的能力，我們可以在自己的生活中堅持這樣做，這些方法相當管用。

1、下定決心堅持到底

局面越是棘手，越要努力嘗試。過早地放棄努力，只會增加你的麻煩。面臨嚴重的挫折，只有堅持下去，加倍努力和增快前進的步伐，下定決心堅持到底，並一直堅持到把事情辦成。

2、不要低估問題的嚴重性

要現實地估計自己面臨的危機，否則，去改變局面時，就會感到準備不足。

3、做出最大的努力

不要畏縮不前，要使出自己全部的力量來，不要擔心把精力用盡。成功者總是做出極大的努力，而面對危機時，他們卻能做出更大的努力。他們不去考慮什麼疲勞啦，筋疲力盡啦。

4、堅持自己的立場

一旦你下定決心要突然衝向前去，要像服從自己的理智一樣去服從自己的直覺。頂住家人和朋友的壓力，採取你所堅信的觀點，堅持自己的立場。是對是錯，現在就該相信你自己的判斷力和智慧了。

5、不要試圖一下子解決所有的問題

當經歷了一次嚴重的危機或像親人去世這樣的嚴重事件之後，在你的情緒完全恢

復以前，要滿足於每次只邁出一小步。不要企圖當個超人，一下子解決自己所有的問題。要挑一件力量所能及的事，就做這麼一件。而每一次對成功的體驗都會增強你的力量和積極的觀念。

6、堅持嘗試

克服危機的方法不是輕易就能找到的。然而，如果你堅持不懈地尋求新的出路，願意在成功的可能性很低情況下去嘗試，你就能找到出路。要保持自己頭腦的清醒，睜大眼睛去尋找那些在危機或困境中可能存在的機會。與其專注於災難的深重，莫若努力去尋求一線希望和可取的積極之路。即便是在混亂與災難中，也可能形成你獨到的見解，它將把你引導到一個值得一試的新的冒險之中。

老老實實做人

有些人看似一夜成名，實則早已投入無數心血，堅固的基礎早已打好了。我們無法一下子成功，只能一步步走向成功。大約四十幾年前，一個青年進入一家公司，在一個部門做了一個小職員。他兢兢業業工作，老老實實做人。在工作中他發現公司管理上的一些弊端，便不斷地給公司高層主管寫信、提出問題。可他的信從沒有得到回音，這個小職員還是老老實實做人、兢兢業業工作，發現問題還是不斷地給上層寫信並提出改進意見。一年、二年、三年……他的信還是石沉大海，但是這個小職員並沒有氣餒，他的信還是照樣發出。

十年後的一天，他被人帶到總經理的辦公室，他被派到一個分廠任經理，他工作得非常出色。以後，這個小職員又當上這家大公司的總經理，而這家公司就是世界著名的佳能公司。

要有從底層做起的思想準備，正像萬丈高樓平地起一樣，要極有耐心地從砌每一塊磚、每一堵牆做起。夢想速成一位建築師是不現實的，只有在砌牆加瓦中才會學到真本領，踏上理想的坦途。

其次，要有安於工作的現實態度。不企求一步到位，但求步步到位，對眼前的工作有個正確的態度，並視之為理想崗位的階梯。學會在平平淡淡中發揮自己的作用，讓別人感受到自己是具有真才實學的。

再次，隨時修正自己，即使碰到不順利也能用心理調節術來重新獲得平衡。

決心獲得成功的人都知道，進步是一點一滴不斷地努力得來的，就像羅馬不是一天造成的一樣。例如，房屋是由一磚一瓦堆砌而成的；籃球比賽最後的勝利是由一次一次的得分累積而成的；商店的繁榮也是靠著一個一個的顧客逐漸壯大的。所以每一個重大的成就都是一個系列的小成就累積而成的。

西華・萊德先生是個著名的作家兼戰地記者，他曾在一九五七年四月的《讀者文摘》上撰文表示，他所收到的最好的忠告是「繼續走完下一里路」，這裡有其中的幾段。

「在第二次世界大戰期間，我跟幾個人不得不從一架破損的運輸機上跳傘逃生，結果迫降到緬甸、印度交界處的樹林裡。如果要等救援隊前來援救，至少要好幾個星期，那時再逃生可能就來不及了，只有自己設法逃生。我們唯一能做的就是拖著沉重的步伐往印度走，全程長達一百四十公里，必須在八月的酷熱和暴雨的雙重侵襲下，翻山越嶺長途跋涉。

「才走了一個小時，我的一只長統靴的鞋釘刺到另一隻腳上，傍晚時腳又都起泡出血，範圍像硬幣那般大小。我能一瘸一拐地走完一百四十公里嗎？別人的情況也差不多，甚至更糟糕。他們能不能走呢？我們以為完蛋了，但是又不能不走，好在晚上找了個地方休息，我們別無選擇，只好硬著頭皮走下一里路……

「當我推掉原有工作，開始專心寫一本十五萬字的書時，一直定不下心來寫作，差點放棄我一直引以為榮的教授尊嚴，也就是說幾乎不想做了。最後不得不記著只去想下一個段落怎麼寫，而非下一頁，當然更不是下一章了。整整六個月的時間，除了一段一段不停地寫以外，什麼事情都沒做，結果居然寫成了。

「幾年以前，我接了一件每天寫一則廣播劇本的差事，到目前為止一共寫了兩千個。如果當時簽一張『寫作兩千個劇本』的合約，一定會被這個龐大的數目嚇倒，甚至把它推辭掉。好在只是寫一個劇本，接著又寫一個，就這樣日積月累真的寫出這麼多了。」

「繼續走完下一里路」的原則不僅對西華・萊德很有用，對我們現實中的每一個人也很有用。

按部就班做下去是實現任何目標唯一的聰明做法。比如說戒菸，最好的戒菸方法就是「一小時又一小時」堅持下去，有許多人用這種方法戒菸，成功的比率比別的方法要高。這個方法並不是要求他們下決心永遠不抽，只是要他們決心不在下一個小時內戒菸而已。當這個小時結束時，只需把他的決心改在另外一小時內就行了。當抽菸的欲望漸漸減輕時，時間就延長到兩小時，又延長到一天，最後終於完全戒除。那些一下子就想戒除的人一定會失敗，因為心理上的感覺受不了。一小時的忍耐很容易，可是永遠不抽那就難了。

想要達成任何目標都必須按部就班做下去才行。對於那些初入社會的人來講，不管被指派的工作多麼不重要，都應該看成是使自己向前跨一步的好機會。推銷員只有促成交易時，才有資格邁向更高的管理職位。

牧師的每一次佈道、教授的每一個演講、科學家的每一次實驗，以及商業主管的每一次開會，都是向前跨一步、更上一層樓的好機會。

成功並不是偶然得來的，那些暴起暴落的人物，聲名來得快，去得也快，他們的成功往往只是曇花一現而已，他們並沒有深厚的根基與雄厚的實力。任何人都無法一下子就邁到目標，只能一步步走向成功。

在忍耐中變通自己的人生

在人生旅途中，有許多滿懷雄心壯志，做成大事的人毅力都很堅強，但是由於他們不會進行新的嘗試，因而無法成功。我們應該堅持我們的目標，不要猶豫不前，但也不能太生硬，不知變通。如果我們確實感到行不通的話，就嘗試另一種方式吧。

諾貝爾獎得主萊納斯・波林說：「一個好的研究者知道應該發揮哪些構想，而哪些構想應該丟棄，否則，會浪費很多時間在差勁的構想上。」有些事情，我們雖然盡了很大的努力，但我們遲早會發現自己處於一個進退兩難的地位，你所走的研究路線也許只是一條死路。這時候，最明智的辦法就是抽身退出，去研究別的項目，尋找成功的機會。

在人生的每一個關鍵時刻，要審慎地運用智慧，做最正確的判斷，選擇正確方向，同時別忘了及時檢視選擇的角度，適時調整。放掉無謂的固執，冷靜地用開放的心胸做正確抉擇，每次正確無誤的抉擇將指引你走在通往成功的坦途上。

當你確定了目標以後，下一步便是鑑定自己的目標，或者說鑑定自己所希望達到的領域。如果你決心做一下改變，就必須考慮到改變後是什麼樣子；如果你決定解決某一問題，就必須考慮到解決中可能遇到的困難是什麼。

當描述了理想的目標以後，你必須研究一下達到該目標所需的時間、財力、人力的花費是多少，你的選擇、途徑和方法只有經過檢驗，方能估量出目標的現實性。你或許會發現自己的目標是可行的。否則，你就要量力而為，修改自己的目標。

那些百折不撓、牢牢掌握住目標的人，都已經具備了成功的要素。有一些建議一旦和人們的毅力相結合，我們期望的結果便更易於獲得。告訴自己「總會有別的辦法可以辦到。」

每年有幾千家新公司獲准成立，可是五年以後，只有一小部分仍然繼續營運。那些半路退出的人會這麼說：「競爭實在是太激烈了，只好退出為妙。」其實，問題的關鍵在於他們遭遇障礙時，只想到失敗，因此才會失敗。

我們如果認為困難無法解決，就會真的找不到出路，因此一定要拒絕無能為力的想法。先停下，然後再重新開始。我們時常鑽進牛角尖而不知自拔，因而看不出新的解決方法。成功者的秘訣是隨時檢視自己的選擇是否有偏差，合理地調整目標，放棄無謂的固執，輕鬆地走向成功。

兩個貧苦的樵夫靠著上山撿木柴糊口，有一天在山裡發現兩大包棉花，兩人喜出望外，棉花價格高過木柴價數倍，將這兩包棉花賣掉，足可使家人一個月衣食無憂。當下兩人各自背了一包棉花，便欲趕路回家。走著走著，其中一名樵夫眼尖，看到山路上扔著一大捆布，走近細看，竟是上等的細麻布，足足有十多匹之多。他欣喜之餘，和同伴商量，一同放下背著的棉花，改背麻布回家。但他的同伴卻有不同的看法，認為自己背著棉花已走了一大段路，到了這裡丟下棉花，豈不枉費自己先前的辛苦，堅持不願換麻布。先前發現麻布的樵夫屢勸同伴不聽，只得自己竭盡所能地背起麻布，繼續前行。

又走了一段路後，背麻布的樵夫望見林中閃閃發光，待近前一看，地上竟然散落著數壇黃金，心想這下真的發財了，趕忙邀同伴放下肩頭的棉花，改用挑木柴的扁擔挑黃金。

他的同伴仍是那套不願丟下棉花，以免枉費辛苦的論調，並且懷疑那些黃金不是真的，勸他不要白費力氣，免得到頭來空歡喜一場。

發現黃金的樵夫只好自己挑了兩壇黃金，和背棉花的夥伴一同趕路回家。兩人走到山下時，無緣無故下了一場大雨，兩人在空曠處被淋了個濕透。更不幸的是，背棉花的樵夫背上的棉花，吸飽了雨水，重得已無法背動，那樵夫不得已，只能丟下一路辛苦捨不得放棄的棉花，空著手和挑黃金的同伴回家。

有人認為：如果沒有成功的希望，而去屢屢試驗是愚蠢的、毫無益處的。有的人失敗，不是因為沒有本事，而是定錯了目標。成功者為避免失敗，會時刻檢查目標是否合乎實際。

堅持是一種良好的品性，但在有些事上，過度的堅持，會導致更大的浪費。

設定目標就能穿過人生阻礙

一位成功學家強調，目標對我們做每件事來說太重要了，他對年輕人說：「你不僅要有一個人生目標，你也應該有你的日常目標，那就是每天一個目標。」日常目標也許不是什麼宏圖大業，也不是高遠的志向，僅僅是一件平常的事情，我們今天一定要去完成它，這樣才能感到滿足和快樂。

一幅畫可以讓人欣賞許多天，甚至許多年。也許它不是傑作，這並不要緊。問題是：我們是不是把我們的精力畫進去了？這幅畫比起你上次所畫的，是不是付出得更多、更好？要不要將它裝框，掛在你的客廳之中？不嗎？嗯，這回也許可以掛在你的臥室裡，下次再掛在客廳裡。

你要不停地前進，盡力把每一件事情做好。退一步說，假如你還沒有目標，那就不妨繼續前進——自然會有目標與你並駕齊驅。你的方向感是永遠向前邁進的。

美國一位著名的整容醫師講了這樣一件事：一位女士請教關於消除臉部皺紋的事。她說她沒有讓家人知道，就悄悄來到我的診所，是不是一種錯誤。

「你怎麼不告訴他們？」我問。

「他們會反對的，我的丈夫和女兒會認為我虛浮愚蠢。」

我說：「我多年來從未見過一個完全出於虛榮的病例。人們求助於整形外科醫生，很多是基於心理學上的、社會學上的和經濟學上的原因。他們除去缺陷是為了要在生活上重整旗鼓。」

她說：「醫生，你說對了。我是想重整旗鼓。我要為我的家人而盡力變得好看一點。」

「你不妨向他們解釋一番。」我建議道。

後來，我為她動了手術；在住院期間她對我說，她未能向她丈夫說明。手術成功了，但她的丈夫十分生氣，不肯諒解。

人總是阻擋前進的意圖——就像這位太太的丈夫所做的那樣，以致使內心留下了比臉部更深的皺紋。整形外科無法消除這種內心的皺紋，只有諒解才可消除。

德克薩斯州休士頓市兩位女士，說她們讀了一些成功書籍之後，便開始運用其中的原理和原則，使她們嘗試了以前連想也不敢想的計畫。

她們知道了做事的目標，於是她們開始實現自己的目標，因此，她們得以自由自在地去從事要做的事情。

寫一本兒童讀物；寫一個劇本；寫一部神秘小說；籌組了一個公司。

想了兩個新的遊戲，準備投給雜誌社。

所有這一切，她們僅僅花了一年時間。「我們兩個都有全天上班的工作。」她們還說，「請不要叫我們慢慢來；我們在享受我們人生的樂趣……如果遭遇阻礙，我們會想辦法，辦法自會出來……我們認為，所有的這一切，都應該感謝你……」

她們自己設定目標後，克服了一直使她們不能克服的實際障礙，大大地感到了使她們向前邁進的價值，最後又讓她們的成功機會，在她們的創造能力範圍之內發生了作用。

你也許不必像她們那樣設定那麼多的目標；也沒有她們那樣雄心勃勃，不過，你和她們一樣擁有成功潛力，你要把它發揮出來，而不要阻塞它。上天讓你生存於世上，並非叫你鬱鬱寡歡；上天給了你獲得成功的動力，你必須加以運用。

目標是人們穿過人生阻礙的成功。假如我們有困難，假如你遭遇了障礙，那只說明了你和大多數人一樣，需要控制前行的目標。海倫·凱勒一生的故事應該是盡人皆知的，她克服了機能上的障礙，獲得了不可思議的成就。你也許不知道著名的護士南丁格爾，她原先患了很重的憂鬱症，但她的慈善服務使她相信：她並不是在垂死之中。

只要我們相信自己的目標是正確的，而去做我們想要做的事情，我們的成就將會使我們自己感到驚奇。

接受現實的自己

「我堅持我的不完美，它是我生命的真實本質。」、「熱愛自己是終生浪漫的開端。」西方有這樣兩句格言。

全面接受你自己是很重要的，其原因之一便是這可使你更安心地對待自己，更具同情心。當你表現或感覺到沒有保障，不要假裝「並無不妥」，你可坦然面對這一現實並對你自己說：「我覺得害怕，但沒關係。」

如果你感到有點嫉妒、貪婪或氣憤，不要否認或埋葬你的感覺，你可坦然面對它們，這可幫你迅速擺脫並遠離它們。當你不再把你的消極情緒看得過重，或當作可怕的事，你就不會再像從前那樣被它們嚇倒。當你接受自己的一切時，你就不再需要去假裝生活是完美的，或希望如此。相反你會接受自己的現狀，就是現在。

當你接受自己不夠完美的那些部分，奇蹟便會出現。伴隨消極的方面，你也將開始注意到積極的方面，你自己身上那些極出色的、你也許從未認為自己所具有的，甚至從未意識到的方面。當你有時在心裡對自己表現出興趣時，當你表現出令人難以置信的無私時，你可能就會注意到它們。有時你可能會覺得沒有保障或害怕，但更多的時候你是勇敢的；儘管有時你肯定會焦慮不安，但你也能非常放鬆。

奧格・曼狄諾指出，接受你自己的一切，就像是在對你自己說：「我也許不完美，但我就是我，這沒有關係。」當消極思想出現時，你可開始將它們看作是整體中的一小部分，始終以善意和寬容來對待你自己。

根據自己的特長來設計自己

演技派電影明星達斯丁・霍夫曼在「金球獎」的頒獎典禮上接受終身成就獎時，提到一個真實的小故事。

三十年前，有一次他為了《畢業生》那部電影宣傳，碰巧與音樂大師史達溫斯基在同一個地點接受訪問。主持人問起史達溫斯基，何時是他一生當中最感到驕傲的時刻——新曲的首度公演？功成名就、掌聲四起？史達溫斯基都加以一一否認，最後，他說：「我坐在這裡已經好幾個小時了，這之間，我一直不斷地在為我心中的一個音符絞盡腦汁，到底是「一」比較好？還是「三」？當我最後發現眾裡尋她千百度那一個音符的一剎那，是我人生中最快樂、最驕傲的時刻！」他被大師感動得當場哭了起來。

如同偉大的作曲家心無旁鶩、孜孜不息地尋找一個最能感動他的音符，不管是從事何種行業的人，都必須認識自己的潛能，確定最適合自己的發展方向，否則就很可能會埋沒了自己的才能。

對於科學人才來說，也有許多自我埋沒的現象。愛因斯坦在大學時的老師佩爾內教授有一次嚴肅地對他說：「你在工作中不缺少熱心和好意，但是缺乏能力，你為什麼不學醫、不學法律或哲學而要學物理呢？」幸虧愛因斯坦深知自己在理論物理學方面有足夠的才能，沒有聽那個教授的話。否則，也許我們的物理科學就不會像今天這樣了。

科學的門類不同，需要的素質與才能也不同。比如：做一個傑出的臨床醫生，必須具有很好的記憶力；研究理論物理學，抽象思維能力不可少；一個數學家沒有必要一定具備實際操作、設計和做實驗的能力，雖然這種能力對於一個化學研究者來說是必不可少的；而天文學主要是一門觀察科學，需要很好的觀察能力、濃厚的興趣和長久細緻進行觀察的毅力。

人的興趣、才能、素質也是不同的。如果我們不瞭解這一點，不能把自己的所長利用起來，我們所從事的行業需要的素質和才能正是我們所缺乏的，那麼，我們將會自我埋沒。反之，如果我們有自知之明，善於設計自己，從事我們最擅長的工作；我們就會獲得成功。

一些遺傳學家經過研究認為：人的正常的、中等的智力是由一對基因所決定。另外還有五對次要的修飾基因，它們決定著人的特殊天賦，起著降低智力或升高智力的作用。一般說來，人的這五對次要基因總有一兩對是「好」的。也就是說，一般人總有可能在某些特定的方面具有良好的天賦與素質。

珍・古德清楚地知道，她並沒有過人的才智，但在研究野生動物方面，她有超人的毅力、濃厚的興趣，而這正是做這一行所需要的。所以她沒有去攻數學、物理學，而是進到非洲森林裡考察黑猩猩，終於成了一個有成就的科學家。

所以，每一個人都應該努力根據自己的特長來設計自己、量力而行。根據自己的環境、條件、才能、素質、興趣等，確定進攻方向。不要埋怨環境與條件，應努力尋找有利條件；不能坐等機會，要自己創造條件；拿出成果來，獲得社會的承認，事情就會好辦一些。從事科學研究的人不僅要善於觀察世界，善於觀察事物，也要善於觀察自己，瞭解自己。

發掘自我巨大的潛能

自然現象也包含著人生哲理。尼亞加拉大瀑布在好幾千年有上萬億噸的水從一百八十英尺的高處奔湧而下，墜落到深淵裡，毫無意義地流失掉。然而有一天，一個人制訂了一個計畫——利用了這巨大能量的一部分。他使一部分下落的水流有目的地經過一個特殊的裝置，從而產生出上千萬千瓦的電力，推動了工業發展的巨輪。從此，成千上萬的家庭有了光明，成噸的糧食被收割，大量的產品被生產出並運輸到各地。這種新的能源，使人們有了工作，孩子們受到了教育，道路開通了，高樓、醫院也建造了起來。它帶來的好處是說不完的。總之，這一切能實現，都是因為人們發現並利用了尼亞加拉大瀑布的能量，讓它為一個特殊的目的服務。

《鑽石寶地》一書的作者拉塞爾・H・康維爾指出：「我們也要學會儘快發現和利用自己的潛力和才能。」

《聖經》有一個關於才能的故事。有三個人，第一個只有一種才能；第二個有三種，第三個人有五種。基督給了他們才能後，去了一個遙遠的國度。當很久以後他回來時，問起第三個人在此期間做了什麼。

第三個人回答說他利用這五種才能努力工作，現在已經有十種才能了。基督很高興，誇獎他說：「做得好，忠誠的優秀的僕人，你很會利用所賜的才能，我將賜給你更多的才能。」第二個人也同樣地增加了自己的才能。當問起第一個人時，第一個人回答說：「基督，你給別人很多才能，卻只給了我一種，這不公平。而且，我知道你是嚴厲又殘忍的主，樂於不勞而獲，所以我把它埋葬掉了。」

基督很生氣地說：「你這又懶又壞的奴僕。」於是取走了第一個人的才能並賜給了第三個人。

從此，世上的新生兒就總是在說「貧益貧，富益富」或「多者多得，多者多行」。《聖經》上說「讓富有的更富有」，其意義很清楚，即掌握並利用我們的才能，那麼我們的才能不僅會增加而且會帶來更多的收益。

把目光放在未來

拳王穆罕默德・阿里在兩場比賽中失利。值得注意的是，他只在兩場比賽中用了「如果」這個詞。「如果這場比賽我輸了」——他所說的話含有一種預示，他已經為失敗做好了準備；從反面來看，他也「想像自己做到了」。

當我們的眼睛盯著目標的時候，我們實現目標的機會就非常大。無論這個目標是什麼，情況都是如此。

在過去航海的年代，曾經有一位第一次出海的年輕水手。當船在北大西洋遇上大風暴的時候，他受命爬上高處去調整風帆使它適應風向。

在他向上爬的時候，他犯了個錯誤——低頭向下看。顛簸不定的輪船和波濤洶湧的海浪使他非常恐懼，他開始失去平衡。正在這時，一位有經驗的水手在下面向他大喊：「向上看！孩子，向上看！」這個年輕的水手按照他說的話做了以後又重新獲得了平衡。當情況看起來似乎很糟糕的時候，你應該看看你是否站錯了方向。當你看著太陽的時候，你不會看見陰影。向後看只會使你喪失信心，向前看才會使你充滿自信。當前景不太光明的時候，試著向上看，你一定會獲得成功。

我們若是把目光只放在眼前，那麼未來就難以掌握，我們若是想獲得長久的快樂，那麼就要忍受暫時的痛苦。大多數人在作決定時都只考慮眼前而不考慮未來，結果快樂沒得到卻得到痛苦。事實上，人世間一切有意義的事若想成功，那就必須忍受一時的痛苦。你必須熬過眼前的恐怖和引誘，按照自己的價值觀或標準把目光放在未來。本來任何事都不會使我們痛苦，而真正使我們痛苦的是對於痛苦的恐懼。

哲學家蒙田說：「若結果是痛苦的話，我會竭力避開眼前的快樂；若結果是快樂的話，我會百般忍耐暫時的痛苦。」把你的目光放遠些，沒有哪個人或企業是因為短視而成功的。

人生要想永遠快樂，必須做一項重要的決定，就是善用人生所給你的一切。如果你確實明白自己努力的目標、如果你真願意奮力去做、如果你知道什麼方法有效、如果你能適時調整做法並好好運用上天給你的天賦，那麼人生就沒有任何做不到的事。

本田宗一郎創辦本田汽車公司的事蹟，證明了這一點。

一九三八年本田先生還是一名學生時，就變賣了所有家當全心投入研究製造心目中所認為理想的汽車活塞環。他夜以繼日地工作，與油污為伍。累了，倒頭就睡在工廠裡，他一心一意期望早日把產品裝造出來，以賣給豐田汽車公司。為了繼續這項工作，他甚至變賣妻子的首飾。最後，產品終於出來了，並送到豐田去，但是卻被認為品質不合格而打了回來。為了求取更多的知識，他重回學校苦修兩年，這期間，他經常為了自己的設計而被老師或同學嘲笑，還被認為不切實際。

他無視於這一切痛苦，仍然咬緊牙關朝目標前進，終於在兩年之後取得了豐田公司的購買合約，完成他長久以來的心願。此後一切並不一帆風順，他又碰上了新問題。當時因為日本政府發起第二次世界大戰，一切物資吃緊，禁賣水泥給他蓋工廠。

他是否就此放手了呢？沒有。他是否怨天尤人了呢？他是否認為美夢破碎了呢？一點都沒有？相反的，他決定另謀他途，和工作夥伴研究出新的水泥製造方法。建好了他們的工廠。戰爭期間，這座工廠遭到美國空軍兩次轟炸，毀掉了大部分的製造設備，本田先生是怎麼做的呢？他立即召聚了一些工人，去撿拾美軍飛機所丟棄的汽油桶，作為本田工廠製造用的材料。

在此之後，他們又碰上了地震，夷平了整個工廠。這時，本田先生不得不把製造活塞環的技術賣給豐田公司。

本田先生實在是個了不起的人，他清楚地知道邁向成功該怎麼走，除了要有好的製造技術，還得對所做的事深具信心與毅力，不斷嘗試並多次調整方向，雖然目標還不見蹤影，但他始終不屈不撓。

第二次世界大戰結束後，日本遭遇嚴重的汽油短缺，本田先生根本無法開著車子出門買家裡所需的食物。在極度沮喪下，他不得不試著把馬達裝在腳踏車上。他知道如果成功，鄰居們一定會央求他給他們裝部摩托腳踏車。果不其然，他裝了一部又一部，直到手中的馬達都用光了。他想到，何不開一家工廠，專門生產所發明的摩托車？可惜的是他欠缺資金。

一如既往地，他決定無論如何要想出個辦法來，最後決定求助於日本全國一萬八千家腳踏車店。他給每一家腳踏車店用心寫了封言辭懇切的信，告訴他們如何藉著他發明的產品，在振興日本經濟上扮演一個角色。結果說服了其中的五千家，湊齊了所需的資金。然而當時他所生產的摩托車既大且笨重，只能賣給少數硬派的摩托車迷。

為了擴大市場，本田先生動手把摩托車改得更輕巧，一經推出便贏得滿堂彩，因而獲頒「天皇賞」。隨後他的摩托車又外銷到歐美，趕上了戰後的新潮消費者，於二十世紀七〇年代本田公司便開始生產汽車並獲得佳績。

今天，本田汽車公司在日本及美國共雇有員工超過十萬人，是日本最大的汽車製造公司之一，其在美國的銷售量僅次於豐田。

本田汽車之所以能夠有今天的輝煌，是因為本田先生深知，所作的決定或所採取的行動有時候只夠應付眼前的狀況，然而要想成功，就必須把眼光放遠。

成功和失敗都不是一夜造成的，而是一步一步積累的結果。決定給自己制定更高的追求目標、決定掌握自我而不受控於環境、決定把眼光放遠、決定採取何種行動、決定繼續堅持下去，這種種決定做得好你便能成功，做得不好你便會失敗。

要做長遠的打算還是短期的打算，這個決定跟你人生中作任何一個決定是同等重要的，如果你的決定不當，不僅使你蒙受金錢和名譽上的嚴重損失，同時也會賠上社會成本。這樣的蠢事讓人不敢恭維，我們一定要慎之又慎。

大都會運動館・Sports系列　精選暢銷書選

Sports 02

攀岩寶典

作者：賈斯・哈丁
定價：260元　　頁數：96頁
ISBN：978-986-7651-76-1

攀岩是一項考驗著體能和心理障礙的極限運動，一方面要承受著地心引力加諸在身上的負荷；另一方面也必須克服人類與生俱來對於高度的恐懼，但種種向極限挑戰的刺激，也正是這種運動的迷人之處。不過，千萬不要輕忽了這項運動的專業性，在踏出你的第一步之前，這本《攀岩寶典》絕對是你邁向頂峰的推手！

Sports 03

風浪板寶典

作者：賽門・包霍夫特
定價：260元　　頁數：96頁
ISBN：978-986-6846-09-0

台灣四面環海，有優美的條件與環境可以從事風浪板這項健康且具個人挑戰極限的運動，而本書是台灣唯一、專業且巨細靡遺介紹該項運動的書籍，可說是想一窺精髓的入門寶典，……有太多想從事風浪板運動的朋友不得其門而入，有了此書實在是有心學習者的福氣，希望讀者能從本書獲得寶貴而難得的知識來從事安全、健康又快樂的風浪板運動。

—2006年亞洲盃風浪板測速賽冠軍 黃茂隆

不是好書不出版　*Special Books For Someone Special*

大都會運動館・Sports系列　精選暢銷書選

Sports 04

登山車寶典

作者：蘇珊娜&赫爾曼・米爾斯
定價：260元　　頁數：96頁
ISBN：978-986-6846-15-1

當小馬哥騎著鐵馬跑遍台灣，而媒體與民眾只關注他有沒有穿內褲騎車一事而大肆宣揚時，內行的專家即可知道，大眾對自行車運動的概念其實相當模糊。自行車運動是一般人最容易入門的運動，而登山車則是當中最為活躍、最富熱力的項目。本書從登山車運動的歷史，到組裝登山車、如何正確騎車，以及克服各種障礙路面等一一詳述，要你在輕鬆駕馭，享受登山車帶來操控的樂趣。

Sports 05

馬術寶典

作者：伯娜黛特・佛瑞
定價：350元　　頁數：160頁
ISBN：978-986-6846-21-2

中華民國馬術協會理事長 呂台年、中華民國馬術協會獸醫顧問 賴紹文・聯合推薦！本書從馬匹的歷史、品種，到騎乘、如何選購馬匹與馬具，以及馬兒照護、國際賽事介紹等，逐一詳述，要熱愛戶外運動的你，多一種新的休閒體驗，享受與馬匹互動帶來的絕妙樂趣。

不是好書不出版　*Special Books For Someone Special*

生活大師・都會健康館系列　精選暢銷書選

Health+09

病由心生

作者：約翰・辛德勒
定價：220元　　頁數：272頁
ISBN：978-986-6846-19-9

經醫學證明，76%的疾病都是由情緒而來！全世界的醫生都相信，也都能證實「情緒會影響健康」！想要過不生病的生活，就得擺脫導致內分泌失調的壞情緒！

一本最具實用效果、治癒率最快的自我保健醫學手冊！辛德勒醫生以自己多年的行醫經驗為例來說明本書的觀點，相當可信！

—《芝加哥論壇報》

Health+11

樂活，慢活，愛生活

作者：瑪杜莎
定價：250元　　頁數：272頁
ISBN：978-986-6846-24-3

Living a Beautiful Mind & Life！文明、快速的現代化生活步調，讓人們無盡消耗地球資源，也幾乎忘記了生活最初、最單純的定義。當樂活、慢活已成為全世界崇尚並嚮往的生活態度時，我們就不應該再沉淪於窮忙、瞎忙的日子。

不是好書不出版　*Special Books For Someone Special*

氣度決定寬度2

作　　者　　侯清恆

發行人　　林敬彬
主　　編　　楊安瑜
編　　輯　　蔡穎如
美術編排　　曾竹君
封面設計　　曾竹君

出　　版　　大都會文化　行政院新聞局北市業字第89號
發　　行　　大都會文化事業有限公司
110台北市信義區基隆路一段432號4樓之9
讀者服務專線：（02）27235216
讀者服務傳真：（02）27235220
電子郵件信箱：metro@ms21.hinet.net
網　　址：www.metrobook.com.tw

郵政劃撥　　14050529 大都會文化事業有限公司
出版日期　　2008年3月初版一刷
定　　價　　220元

ISBN　　978-986-6846-32-8
書　　號　　Growth-023

Metropolitan Culture Enterprise Co., Ltd.
4F-9, Double Hero Bldg., 432, Keelung Rd., Sec. 1,
Taipei 110, Taiwan
Tel:+886-2-2723-5216　Fax:+886-2-2723-5220
E-mail:metro@ms21.hinet.net
Web-site:www.metrobook.com.tw

國家圖書館出版品預行編目資料

氣度決定寬度. / 侯清恆 著.
-- 初版. -- 臺北市 : 大都會文化, 2008. 3

面； 公分. -- (Growth； 23)

ISBN 978-986-6846-32-8（平裝）

1. 修身 2. 容忍

192.1　　97000728

大都會文化 圖書目錄

■度小月系列

路邊攤賺大錢【搶錢篇】	280元	路邊攤賺大錢2【奇蹟篇】	280元
路邊攤賺大錢3【致富篇】	280元	路邊攤賺大錢4【飾品配件篇】	280元
路邊攤賺大錢5【清涼美食篇】	280元	路邊攤賺大錢6【異國美食篇】	280元
路邊攤賺大錢7【元氣早餐篇】	280元	路邊攤賺大錢8【養生進補篇】	280元
路邊攤賺大錢9【加盟篇】	280元	路邊攤賺大錢10【中部搶錢篇】	280元
路邊攤賺大錢11【賺翻篇】	280元	路邊攤賺大錢12【大排長龍篇】	280元

■DIY系列

路邊攤美食DIY	220元	嚴選台灣小吃DIY	220元
路邊攤超人氣小吃DIY	220元	路邊攤紅不讓美食DIY	220元
路邊攤流行冰品DIY	220元	路邊攤排隊美食DIY	220元

■流行瘋系列

跟著偶像FUN韓假	260元	女人百分百：男人心中的最愛	180元
哈利波特魔法學院	160元	韓式愛美大作戰	240元
下一個偶像就是你	180元	芙蓉美人泡澡術	220元
Men力四射：型男教戰手冊	250元	男體使用手冊：35歲+♂保健之道	250元
想分手？這樣做就對了！	180元		

■生活大師系列

遠離過敏：打造健康的居家環境	280元	這樣泡澡最健康：紓壓、排毒、瘦身三部曲	220元
兩岸用語快譯通	220元	台灣珍奇廟：發財開運祈福路	280元
魅力野溪溫泉大發見	260元	寵愛你的肌膚：從手工香皂開始	260元
舞動燭光：手工蠟燭的綺麗世界	280元	空間也需要好味道：打造天然香氛的68個妙招	260元
雞尾酒的微醺世界：調出你的私房Lounge Bar風情	250元	野外泡湯趣：魅力野溪溫泉大發見	260元
肌膚也需要放輕鬆：徜徉天然風的43項舒壓體驗	260元	辦公室也能做瑜珈：上班族的紓壓活力操	220元
別再說妳不懂車：男人不教的Know How	249元	一國兩字：兩岸用語快譯通	200元
宅典	288元		

■寵物當家系列

Smart養狗寶典	380元	Smart養貓寶典	380元
貓咪玩具魔法DIY：讓牠快樂起舞的55種方法	220元	愛犬造型魔法書：讓你的寶貝漂亮一下	260元
漂亮寶貝在你家：寵物流行精品DIY	220元	我的陽光．我的寶貝：寵物真情物語	220元
我家有隻麝香豬：養豬完全攻略	220元	SMART養狗寶典（平裝版）	250元
生肖星座招財狗	200元	SMART養貓寶典（平裝版）	250元
SMART養兔寶典	280元	熱帶魚寶典	350元
Good Dog：聰明飼主的愛犬訓練手冊	250元		

■人物誌系列

現代灰姑娘	199元	黛安娜傳	360元
船上的365天	360元	優雅與狂野：威廉王子	260元
走出城堡的王子	160元	殞逝的英格蘭玫瑰	260元
貝克漢與維多利亞：新皇族的真實人生	280元	幸運的孩子：布希王朝的真實故事	250元
瑪丹娜：流行天后的真實畫像	280元	紅塵歲月：三毛的生命戀歌	250元
風華再現：金庸傳	260元	俠骨柔情：古龍的今生今世	250元
她從海上來：張愛玲情愛傳奇	250元	從間諜到總統：普丁傳奇	250元
脫下斗篷的哈利：丹尼爾．雷德克里夫	220元	蛻變：章子怡的成長紀實	260元
強尼戴普：可以狂放叛逆，也可以柔情感性	280元	棋聖 吳清源	280元
華人十大富豪：他們背後的故事	250元		

■心靈特區系列

每一片刻都是重生	220元	給大腦洗個澡	220元
成功方與圓：改變一生的處世智慧	220元	轉個彎路更寬	199元
課本上學不到的33條人生經驗	149元	絕對管用的38條職場致勝法則	149元
從窮人進化到富人的29條處事智慧	149元	成長三部曲	299元
心態：成功的人就是和你不一樣	180元	當成功遇見你：迎向陽光的信心與勇氣	180元
改變，做對的事	180元	智慧沙	199元（原價300元）

課堂上學不到的100條人生經驗	199元（原價300元）	不可不防的13種人	199元（原價300元）
不可不知的職場叢林法則	199元（原價300元）	打開心裡的門窗	200元
不可不慎的面子問題	199元（原價300元）	交心：別讓誤會成為拓展人脈的絆腳石	199元
方圓道	199元	12天改變一生	199元（原價300元）
氣度決定寬度	220元	轉念：扭轉逆境的智慧	220元
氣度決定寬度 2	220元		

■SUCCESS系列

七大狂銷戰略	220元	打造一整年的好業績	200元
超級記憶術：改變一生的學習方式	199元	管理的鋼盔：商戰存活與突圍的25個必勝錦囊	200元
搞什麼行銷：152個商戰關鍵報告	220元	精明人總明人明白人：態度決定你的成敗	200元
人脈=錢脈：改變一生的人際關係經營術	180元	週一清晨的領導課	160元
搶救貧窮大作戰の48條絕對法則	220元	搜驚．搜精．搜金：從Google的致富傳奇中，你學到了什麼？	199元
絕對中國製造的58個管理智慧	200元	客人在哪裡？：決定你業績倍增的關鍵細節	200元
殺出紅海：漂亮勝出的104個商戰奇謀	220元	商戰奇謀36計：現代企業生存寶典 I	180元
商戰奇謀36計：現代企業生存寶典 II	180元	商戰奇謀36計：現代企業生存寶典 III	180元
幸福家庭的理財計畫	250元	巨賈定律：商戰奇謀36計	498元
有錢真好：輕鬆理財的十種態度	200元	創意決定優勢	180元
我在華爾街的日子	220元	贏在關係：勇闖職場的人際關係經營術	180元
買單！一次就搞定的談判技巧	199元（原價300元）	你在說什麼？：39歲前一定要學會的66種溝通技巧	220元
與失敗有約 ：13張讓你遠離成功的入場券	250元	職場AQ：激化你的工作DNA	220元
智取：商場上一定要知道的55件事	220元	鏢局：現代企業的江湖式生存	220元
到中國開店正夯《餐飲休閒篇》	250元		

■都會健康館系列

秋養生：二十四節氣養生經	220元	春養生：二十四節氣養生經	220元
夏養生：二十四節氣養生經	220元	冬養生：二十四節氣養生經	220元
春夏秋冬養生套書	699元	寒天：0卡路里的健康瘦身新主張	200元
地中海纖體美人湯飲	220元	居家急救百科	399元（原價550元）
病由心生：365天的健康生活方式	220元	輕盈食尚：健康腸道的排毒食方	220元
樂活，慢活，愛生活：健康原味生活的501種方式	250元		

■CHOICE系列

入侵鹿耳門	280元	蒲公英與我：聽我說說畫	220元
入侵鹿耳門（新版）	199元	舊時月色（上輯＋下輯）	各180元
清塘荷韻	280元	飲食男女	200元
梅朝榮品諸葛亮	280元		

■FORTH系列

印度流浪記：滌盡塵俗的心之旅	220元	胡同面孔：古都北京的人文旅行地圖	280元
尋訪失落的香格里拉	240元	今天不飛：空姐的私旅圖	220元
紐西蘭奇異國	200元	從古都到香格里拉	399元
馬力歐帶你瘋台灣	250元	瑪杜莎艷遇鮮境	180元

■大旗藏史館

大清皇權遊戲	250元	大清后妃傳奇	250元
大清官宦沉浮	250元	大清才子命運	250元
開國大帝	220元	圖說歷史故事：先秦	250元
圖說歷史故事：秦漢魏晉南北朝	250元	圖說歷史故事：隋唐五代兩宋	250元
圖說歷史故事：元明清	250元	中華歷代戰神	220元
圖說歷史故事全集	880元（原價1000元）	人類簡史：我們這三百萬年	280元

■大都會運動館

野外求生寶典：活命的必要裝備與技能	260元	攀岩寶典：安全攀登的入門技巧與實用裝備	260元
風浪板寶典：駕馭的駕馭的入門指南與技術提升	260元	登山車寶典：鐵馬騎士的駕馭技術與實用裝備	260元
馬術寶典—騎乘要訣與馬匹照護	350元		

大都會休閒館

賭城大贏家：逢賭必勝祕訣大揭露 240元

旅遊達人：行遍天下的109個Do&Don't 250元

萬國旗之旅：輕鬆成為世界通 240元

大都會手作館

樂活，從手作香皂開始 220元

Home Spa & Bath：玩美女人肌膚的水嫩體驗 250元

BEST系列

人脈＝錢脈：改變一生的人際關係經營術（典藏精裝版） 199元

超級記憶術：改變一生的學習方式 220元

FOCUS系列

中國誠信報告 250元

中國誠信的背後 250元

誠信：中國誠信報告 250元

禮物書系列

印象花園 梵谷 160元

印象花園 莫內 160元

印象花園 高更 160元

印象花園 竇加 160元

印象花園 雷諾瓦 160元

印象花園 大衛 160元

印象花園 畢卡索 160元

印象花園 達文西 160元

印象花園 米開朗基羅 160元

印象花園 拉斐爾 160元

印象花園 林布蘭特 160元

印象花園 米勒 160元

絮語說相思 情有獨鍾 200元

工商管理系列

二十一世紀新工作浪潮 200元

化危機為轉機 200元

美術工作者設計生涯轉轉彎 200元

攝影工作者快門生涯轉轉彎 200元

企劃工作者動腦生涯轉轉彎 220元

電腦工作者滑鼠生涯轉轉彎 200元

打開視窗說亮話 200元

文字工作者撰錢生活轉轉彎 220元

挑戰極限 320元

30分鐘行動管理百科(九本盒裝套書) 799元

30分鐘教你自我腦內革命 110元

30分鐘教你樹立優質形象 110元

30分鐘教你錢多事少離家近 110元

30分鐘教你創造自我價值 110元

30分鐘教你Smart解決難題 110元

30分鐘教你如何激勵部屬 110元

30分鐘教你掌握優勢談判 110元

30分鐘教你如何快速致富 110元

30分鐘教你提昇溝通技巧 110元

■精緻生活系列

女人窺心事	120元	另類費洛蒙	180元
花落	180元		

■CITY MALL系列

別懷疑！我就是馬克大夫	200元	愛情詭話	170元
唉呀！真尷尬	200元	就是要賴在演藝圈	180元

■親子教養系列

孩童完全自救寶盒（五書＋五卡＋四卷錄影帶）	3,490元（特價2,490元）
孩童完全自救手冊：這時候你該怎麼辦（合訂本）	299元
我家小孩愛看書：Happy 學習 easy go!	220元
天才少年的5種能力	280元
哇塞！你身上有蟲！：學校忘了買、老師不敢教，史上最髒的科學書	250元

關於買書：

1. 大都會文化的圖書在全國各書店及誠品、金石堂、何嘉仁、搜主義、敦煌、紀伊國屋、諾貝爾等連鎖書店均有販售，如欲購買本公司出版品，建議你直接洽詢書店服務人員以節省您寶貴時間，如果書店已售完，請撥本公司各區經銷商服務專線洽詢。

   北部地區：(02)85124067　桃竹苗地區：(03)2128000　中彰投地區：(04)27081282
   雲嘉地區：(05)2354380　臺南地區：(06)2642655　高屏地區：(07)3730079

2. 到以下各網路書店購買：
   大都會文化網站（http://www.metrobook.com.tw）
   博客來網路書店（http://www.books.com.tw）
   金石堂網路書店（http://www.kingstone.com.tw）

3. 到郵局劃撥：
   戶名：大都會文化事業有限公司
   帳號：14050529

4. 親赴大都會文化買書可享8折優惠。

氣度決定寬度
2

北區郵政管理局
登記證北台字第9125號
免 貼 郵 票

大都會文化事業有限公司
讀者服務部收
110台北市基隆路一段432號4樓之9

寄回這張服務卡（免貼郵票）
您可以：
◎不定期收到最新出版訊息
◎參加各項回饋優惠活動

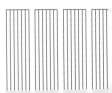

大都會文化　**讀者服務卡**

書號： Growth-023　**氣度決定寬度2**

謝謝您選擇了這本書！期待您的支持與建議，讓我們能有更多聯繫與互動的機會。

A. 您在何時購得本書：________年________月________日

B. 您在何處購得本書：____________書店（便利超商、量販店），位於　　　（市、縣）

C. 您從哪裡得知本書的消息：1.□書店 2.□報章雜誌 3.□電台活動 4.□網路資訊 5.□書籤宣傳品等 6.□親友介紹 7.□書評 8.□其他 ________________________

D. 您購買本書的動機：（可複選）1.□對主題和內容感興趣 2.□工作需要 3.□生活需要 4.□自我進修 5.□內容為流行熱門話題 6.□其他 ________________________

E. 您最喜歡本書的：（可複選）1.□內容題材 2.□字體大小 3.□翻譯文筆 4.□封面 5.□編排方式 6.□其他 ________________

F. 您認為本書的封面：1.□非常出色 2.□普通 3.□毫不起眼 4.□其他 ____________

G. 您認為本書的編排：1.□非常出色 2.□普通 3.□毫不起眼 4.□其他 ____________

H. 您通常以哪些方式購書：（可複選）1.□逛書店 2.□書展 3.□劃撥郵購 4.□團體訂購 5.□網路購書 6.□其他 ________________

I. 您希望我們出版哪類書籍：（可複選）1.□旅遊 2.□流行文化 3.□生活休閒 4.□美容保養 5.□散文小品 6.□科學新知 7.□藝術音樂 8.□致富理財 9.□工商管理 10.□科幻推理 11.□史哲類 12.□勵志傳記 13.□電影小說 14.□語言學習（____語） 15.□幽默諧趣 16.□其他 ________________

J. 您對本書（系）的建議：____

____

K. 您對本出版社的建議：____

____

讀者小檔案

姓名：____________________　性別：□男 □女　生日：____年____月____日

年齡：□20歲以下 □20～30歲 □31～40歲 □41～50歲 □50歲以上

職業：1.□學生 2.□軍公教 3.□大眾傳播 4.□服務業 5.□金融業 6.□製造業 7.□資訊業 8.□自由業 9.□家管 10.□退休 11.□其他____________

學歷：□國小或以下 □國中 □高中／高職 □大學／大專 □研究所以上

通訊地址：____

電話：(H)______________ (O)______________ 傳真：______________

行動電話：______________ E-Mail:______________________

◎謝謝您購買本書，也歡迎您加入我們的會員，請上大都會網站 www.metrobook.com.tw 登錄您的資料，您將不定期收到最新圖書優惠資訊及電子報。

大都會文化
METROPOLITAN CULTURE

大都會文化
METROPOLITAN CULTURE

大都會文化
METROPOLITAN CULTURE